楊文雄著

文史哲學集成

李賀詩研究

文史哲出版社印行

李賀詩研究 / 楊文雄著. -- 初版 -- 臺北市：
文史哲, 民 69.02
頁; 21 公分（文史哲學集成;86）
ISBN 978-957-547-292-4（平裝）

文史哲學集成 86

李賀詩研究

著 者：楊 文 雄
出版者：文 史 哲 出 版 社
http:// www.lapen.com.tw
e-mail：lapen@ms74.hinet.net
登記證字號：行政院新聞局版臺業字五三三七號
發行人：彭 正 雄
發行所：文 史 哲 出 版 社
印刷者：文 史 哲 出 版 社
臺北市羅斯福路一段七十二巷四號
郵政劃撥帳號：一六一八〇一七五
電話886-2-23511028・傳真886-2-23965656

實價新臺幣四〇〇元

一九八〇年（民六十九）二月初版
一九八三年（民七十二）六月初版

ISBN 978-957-547-292-4 00086

本書榮獲第六屆中興文藝獎章文藝批評獎

「李賀詩研究」提要

○**緒論—朝向中西文學批評理論的融合**：近人研究中國古典文學有運用新觀點和新方法的趨勢，也即傳統批評和「新批評」的合流。由於「傳統批評、新批評不可偏廢」，如能截長補短，將建構一個新的文學批評理論體系。本論文即分「外緣」和「內在」來研究李賀詩。

1.李賀詩的外緣研究：首章研究李賀所處之時代背景及生平，對其交游尤多着墨。第二章「李賀年譜新編」，期求條舉目張，對李賀生平有進一步認識。第三章論列李賀的文學觀念、背景，就當時文學環境、創作背景及其風格立論。

2.李賀詩的內在研究：這一部分大致採「新批評」的觀點，並參考傳統詩說，以期諸說並存，而求至當。首章探討李賀詩的語言，分意象、節奏二節加以討論。其中特列專節研究李賀塑造意象之特殊技巧，是李賀何以常被目爲「鬼才」的原因。第二章論列李賀詩的境界，融合分析和歸納兩種方法，盡量闡述李賀詩內在語言的特色。

3.結論—李賀在中國詩史上的地位：綜合前面兩部分的研究結果，並對李賀給予後人的影響及其在文學史上的地位加以論列，以肯定他的藝術成就。由於李賀想像的豐富，構思的精巧，表現的新穎，風格的特殊，以及嚴肅認眞的創作態度和那種反對庸俗，追求完美的藝術表現精神，都可以使他站在中國詩史的高峯上，唱出純屬於他自己特有的嘹亮的聲音！

李賀詩研究目錄

一、緒論—朝向中西文學批評理論的融合

一、文學史上的李賀

李賀生死千載，信史不具，兩唐書雖都特立一傳，也涉附會。當時杜牧、李商隱更以同好私誼爲之作敍寫傳，多得之傳言，已經勉爲其難。千載以下，時代愈遠，其詩幽渺譎詭更令人難得其廬山眞面目。宋人宋景文目爲「鬼才」，朱熹也以爲「怪」，明人陸時雍更以「妖」視之，至淸王士禎也有「牛鬼蛇神」之慨，古今同好摭拾前聞，品論其詩，非驚荒誕即涉鄙俚，皆拘於杜牧詩敍「鯨呿鰲擲，牛鬼蛇神」一語有以致之。後之淸人雖以考據箋註詩爲其名山大業，傅會比附乃所在多有，姚文燮以唐史比附爲其首，其餘曾益、王琦、方扶南、陳本禮等雖都有功於李賀，大都因循前說，對賀詩只作箋證工夫，無法窮極幽微，直探本心。民國以來部分文學史對李賀仍然莫名其「妙」，評價也失之於偏，寧不浩歎！

風行多年的中國文學發達史致誤最大，試觀以下兩段云：

「因為他出身貴族，養尊處優，……對於世事人生的經驗與閱歷，是非常貧乏的。他的生活，正如紅樓夢中的賈寶玉，是一個風姿美貌才情煥發的貴公子。」「在這些作品裏，除了運用著最美麗的文字去描寫肉慾與色情以外，內容是什麼也沒有的。」①

對李賀的生活背景及其作品作浮泛而不負責任的陳述，後來之文學史家中也有祖師其意的，再看下面一段話：

要知李賀是大唐天子本家，貴公子出身，時與諸王遊宴，不管民生疾苦，所以他看不慣杜甫一派之社會詩，鄙薄元白一派淺白之詩，輕視韓愈一派之晦澀詩，他喜歡梁陳之宮體色情詩。②

顯然無法讓人眞確了解李賀詩的眞象。梁容若先生著有「再評中國文學發達史」③，已指出其缺點；葉慶炳先生也有專文「從中國文學發達史中的李賀談起」④，已找出劉大杰氏致誤之由。著有「李賀論」的周誠眞先生，雖旅居香江，對李賀研究不遺餘力，尤不滿後之文學史家對李賀的偏見及歧視：

他們寫起「文學史」來，可以大談李商隱的風格和技巧，對李賀只是一筆帶過；甚至可以談郊寒島瘦，對李賀卻是隻字不提。⑤

這種漠視慢慢在改變，像夙來研究李賀有成的葉慶炳先生⑥，所著「中國文學史」即有公允的評價⑦，相信不久的將來，會有一花團錦簇的成果。

二、李賀研究概況

研究李賀代有其人，如以民國前後可劃分爲兩階段。前階段大略是傳統箋註，後一階段大都以新的角度及方法作研究。傳統的箋註以宋吳正子箋註、劉辰翁評點的「李長吉歌詩」爲最早。其後以「昌谷詩註」爲名作註的，有明代的徐文長、董懋策、曾益、余光及清人姚文燮。明朝另有姚佺「昌谷詩箋」，附有邱象升、邱象隨、陳愫、陳開先、楊妍、吳甫等六人之辯證，還有黃陶庵評本、黎二樵批點的「李長吉集」。清朝則有王琦「李長吉歌詩彙解」、方扶南「批本李長吉詩集」、陳本禮「協律鈎元」、吳汝綸「李長吉詩評註」等。

民國以來，又可分生平、年譜、考據、作品之研究。羅聯添先生「唐代文學論著集目」李賀條⑧列有中文著作四十九篇，依比例在唐代詩人中可算已漸漸受到重視。其中生平及考據之作較有名的，有田北湖氏「昌谷別傳並註」⑨、王禮錫「李長吉評傳」、周閬風「詩人李賀」⑩、賀揚靈「李長吉歌詩」⑪以及朱自清氏之「李賀年譜」⑫。近人鄭騫先生有「李賀的生平及其詩」、「跋所謂金刋本李賀歌詩編」⑬等多篇；另有葉慶炳先生對李賀生年頗多創獲，著有「兩唐書李賀傳考辨」、「姚文燮昌谷詩註糾謬」、「說李賀馬詩二十三首」⑭等。還有陳弘治先生的「李長吉歌詩校釋」⑮、馬楊萬運「李長吉研究」⑯等都有成績。

其次有關作品研究方面，首有梁任公以「超現實」一語形容李賀詩⑰，蘇師雪林繼有「李長吉的詩」一文⑱，錢鍾書氏著有「談藝錄」⑲，更以西方文學理論作比較研究，余光中先生跟進，採比較文學的角度看「象牙塔到白玉樓」⑳，周誠眞先生也以新的批評方法研究「李賀論」㉑。年輕一輩有劉滄浪「李賀與濟慈」㉒、蔡英俊「古錦囊與白玉樓」㉓、李一恆「李賀詩析論」㉔等，大致採比較文學及新批評等方法加以探討。

至於國際上之研究，莊申先生著有「國際漢學與李賀研究」㉕列表說明李賀已受到國際漢學界重視。杜國清先生著「李賀研究的國際概況」更舉出原因，及其在英、日所受注意之情形加以說明：

> 唐代詩人李賀的研究已成為國際性的一樁盛舉。在英美方面，較之寒山，有過之無不及；在日本方面，除了魯迅，無出其右。有關李賀的研究資料之多，英日學者鑽研用心之勤，在國際漢學研究上，大有異軍突起之勢；其進展及成就，也頗令人刮目相看。㉖

戰後日本學者的研究都很有成績，約可分爲四方面：⑴翻譯註解有三家：荒井健、鈴木虎雄、齋藤晌三人。⑵統計分析有數人，以統計分析的方法探討李賀運用色彩及用字等特色。⑶考證及詮釋：以原田憲雄教授爲代表，他研究李賀三十年並自資出版「李賀研究」專刊。⑷傳記研究：以草森紳一所著「乘翅之客—李長吉傳」較有名㉗。

英文方面之研究大致分翻譯和論文兩方面：從一九〇一年翟理士（Giles）的「中國文學史」論及李賀並譯了一首「少年樂」起，到一九七〇年才有傅德山（J.D. Frodsham）教授全譯「李賀詩集」（The Poems of Li Ho）出現。至於論文方面，約有五位以李賀爲博士論文題目，涉及李賀生平背景、神話主題、語言和境界，大致涵括了研究的角度與方法，可供參考。

從上可知李賀研究已得到國內外學界的注意，今後如何深入研究，仍有待觀念的改變和各種批評方法的運用，方能克奏膚功。

三、批評方法的商榷

近年來，文學批評方法有顯著的改變，有一派所謂「新批評」，偏重作品本身的研究，摒棄作者生平背景，只講求作品語言結構的內在關係。而傳統文學批評重視文學作品的外緣關係，如作家的生平背景等，已遭到「新批評」派的挑戰，並引發了一場論戰。民國六十五年間，兩位英美文學博士夏志清、顏元叔先生為中國古典文學研究趨向作了一番反省和建議[28]，談到中國傳統文學批評的詩話是否有價值？要不要採用新批評方法等看法，頗引起學界討論。

誠然傳統文學批評的詩話是印象式批評，以為它是「較壞的批評」[29]，但何以嚴羽認為「天地間自欠此體不得」？而且也不見得所有詩話、詞話都是信手雜書毫無系統之作，臺靜農先生即指出：「清詩話葉燮之原詩內外篇，體例完整，非同一般詩話[30]。」日人青木正兒氏[31]和郭紹虞氏都認為葉燮「原詩」有精闢之見，自成一家[32]。吳宏一先生專門研究清代詩學，對葉星期的「

原詩」也推崇備致：

> 葉燮的原詩，就理論而言，是歷代詩話裡最有系統的一部。它的好處不僅是說理周詳，內容充實，最值得重視的是他於自己的理論，有「一一剖析而縷分之，兼綜而條貫之」（原詩卷一）的精神，這與信手雜書的方式是截然不同的。㉝

其實，有系統之作尚有多部，如趙翼的「甌北詩話」，施補華的「峴傭說詩」都有脉絡可尋，即連沈德潛的「說話晬語」，雖謙稱略無詮次，究其實也頗有系統㉞。故中國傳統文學批評最大的問題是，如何去整理一套理論，而統一批評用語並解決語義含糊等問題是第一步。近人楊松年先生提出「中國文學批評用語語義含糊之問題」㉟，認爲文學批評用語缺乏明確意義最爲嚴重，證以黃維樑先生列出「神韻」有三十六種說法㊱，可概其餘。唯一解決辦法只有借鑑西方的學識—語言哲學和心理學，科學地、精細地分析這些用語，以期有助於克服我們批評術語含糊的困難㊲。

文學批評術語的統一只是解決問題的起步，至於要不要採用新批評方法，建構理論體系，也慢慢受到重視而加以認同，葉嘉瑩先生在「漫談中國舊詩的傳統」談到：

中國舊詩之評說的傳統，是否需要以西方理論來補足和擴展的問題。關於此一問題，我的答案乃是肯定的。……傳統的評說方式已經不能完全滿足今日讀者的需要，可是外來的新理論卻又決不能完全取代中國的傳統批評。㊳

同意此說的有沈謙先生，他認爲「運用新的方法和觀點來研究中國文學，已經是在所必然的新趨勢㊴。」以及以新文學作品作爲研究修辭學例子的黃慶萱先生，他在「研究中國古典文學的幾個層面」專文，也認爲「傳統批評、新批評不可偏廢㊵。」大致上，學院的中文系先生已審愼地回答要不要取資新批評的答案，今後的研究路子當更爲寬廣，是可以預期的。

四、批評方法的抉擇

一般治文學批評的人，大致會同意文學批評的方法有五：歷史傳記的批評法，社會學的批評法，形式主義的批評法，心理學的批評法，以及原始類型和神話的批評法㊶，所謂「新批評」即是其中一種。向爲佛萊（Northrop Frye）所主張的「內在」、「外緣」兩術語，已成爲舊批評和新批評的分水嶺。傳統文學批評重視作品的外緣關係，對象不外作品的社會環境、歷史背景、文學掌故等與詩歌本身無關的體材，對作品本身，也只偏重直覺的感受。而「新批評」摒棄舊批評「外在」的偏失，重在研究文學作品語言結構的內在關係，强調結構和字質的研究，故大致上採用細讀法，認爲一首好詩須具有歧義性或多義語、矛盾語、反諷、模稜曖昧以及張力等特性㊷。

但由於「新批評」的方法應用於長篇作品如小說、戲劇或敍事詩，似有力不從心之感，又過分强調結構和字質的研究，仍常受到歷史主義派的杯葛，指摘「新批評」切除歷史背景的有欠考慮，這種攻擊來自文學批評本身的局限，「新批評」有其局限，其他批評模式也不例外。外文系出身的蔡源煌先生提出「文學批評的信念與態度」一文談到：

> 一項批評手法之抉擇（甚至執着）是要付出代價的，而且選擇之後未必有用。文學批評不妨採取多元的方針，每一項批評方法固然有其局限，也必然各有優點。㊸

像劉若愚教授指出傳統批評家「對非意識的聯想、象語和象徵性，甚少予以分析㊹。」他便參照西方的分析技巧，利用新批評手法加以鑑賞即爲顯例。但也不見得必須全部仿效，近人傳孝先先生即指出新批評雖甚囂塵上，但其中一部分理論並不新奇。他舉出清人史梧岡的「西青散記」有一段話和「新批評」大將—布魯克斯（Cleanth Brooks）的論點相似：

> 詩以無為有，以虛為實，以假為真，每出常理之外，極世間癡絕之事，未妨形之於言。衆轍同遵者擯落，群心不際者探擬；勾新取極，不嫌殊創，聲到界破，方信情來。詩之秘也。

傳先生以爲「寥寥數語，把詩之反邏輯性說得十分透徹，足抵布魯克斯一篇論文㊺。」只可惜以前的批評家很少有組織有系統地去著述，以成一家之言，今天面對歐風美雨的浸染，如何取精用宏並能找出傳統批評的優點，而建構一理論體系將是最重要的課題。幸好「東海西海，心理有同」（錢默存「談藝錄」語），二十世紀「新批評」的健將翁特斯（Yvor Winters）即與新批評諸家相左，而與傳統批評有部分契合的地方。翁特斯認爲，批評的過程有五㊻：

(1)了解作家的歷史背景與生平。

(2)分析作家的文學理論。
(3)對詩之可以散文化的內容，作理性的批評。
(4)對通過語言與技巧所激起的情感，作理性的批判。
(5)於激底了解作者對其題材所作的評估之後，再批判作者對題材之評估。

這五個批評層次，先從產生文學的時代及作者生平開始，而後批評文學本身，最後批判作者的人生觀，可說跟傳統批評若合符節，反而跟「新批評」所强調「研究文學本身，而不太考慮歷史因素或作家生平」的主張相左，難怪翁特斯爲了勇敢維護著文學的道德和理智成分，而被封爲「理性的衛護者」㊼。葉嘉瑩先生在「漫談中國舊詩的傳統」一文也有類似的看法：

雖然西方現代的文學批評强調作品本身的重要而忽視作者的生平，以為作者之生平與作品之優劣並無必然之關係，這種論調就評價文學本身藝術之成就言，原是不錯的。可是在讀中國舊詩時，則對某些作者之生平及其時代背景之瞭解，卻是非常重要的一件事。因為中國既有悠久的「託意言志」之傳統，不僅說詩者往往持此以為衡量作品之標準，即是詩人本人，在作品中也往往確實隱含有種種志意的託喻。說詩的人如果忽略了這一點，在解說時就不免會發生極大的誤解，從而其所評定的價值當然也就失去了意義。㊽

徵引至再，無非證明傳統批評和新批評仍然有會通之處，我們有必要取長補短，加以取資應用，以免偏於一曲。本論文乃就翁斯特氏五個批評過程稍作歸納，並參酌時人著作體例，分述如下：

1.李賀詩的外緣研究：首章研究李賀所處之時代背景及生平，對其交游尤多着墨。第二章「李賀年譜新編」，期求條舉目張，對李賀生平有進一步認識。第三章論列李賀的文學觀念、背景，與翁氏所提「分析作家的文學理論」稍有不同，乃係李賀只有詩作，沒有文章可資取證，僅能從當時文學環境、背景及其風格立論。

2.李賀詩的內在研究：這一部分大致採「新批評」的觀點，並參考傳統詩說，以期諸說並存並求至當。首章探討李賀詩的語言，分意象、節奏二節加以討論。次章論列李賀詩的境界，融合分析和歸納兩種方法，盡量闡述李賀詩內在語言的特色。

3.結論：綜合前面兩部分的成果，並對李賀給予後人的影響及其在文學史上的地位加以論列，以肯定他的藝術成就。

【附　註】

①臺灣中華書局版，頁四八二。

②臺灣學生書局六十三年版中國文學史，頁二一四。

③收入梁容若先生「中國文學史研究」，三民書局版。

④見臺大中文系刊「新潮」第13期。

⑤香港文藝書屋「李賀論」自序，頁三。

⑥葉先生著有「唐詩散論」（洪範版），其中三篇頗多創見：兩唐書李賀傳考辨，請李賀馬詩二十三首、姚文燮昌谷詩註糾謬。本論文參考引用很多，併此致謝。

⑦葉先生「中國文學史」（自印本）頁二五三。

⑧學生書局版，頁六二，所收迄於民國六十七年。

⑨文海出版社，國粹學報43期。

⑩此二書未見，請參考註⑧所列出版者。

⑪臺北華世出版社版。

⑫朱自清集頁九一八，（河洛出版社版）。另東方文化書局印「清華學報」十卷四期。
⑬中華書局景午叢編上編。
⑭洪範書店「唐詩散論」頁一一三。
⑮嘉新水泥研究論文一三二種及文津出版社版。
⑯臺大中研所五十八年碩士論文。
⑰中國韻文裏頭所表現的情感，頁六四。
⑱文哲季刊第一期，頁二五。
⑲明倫出版社，頁五四。
⑳文星書店「消遙遊」，頁六三。
㉑同註⑤。
㉒東海大學中研所六十四年碩士論文。
㉓臺灣偉文出版社。
㉔臺大中研所六十八年碩士論文。
㉕書目季刊九卷四期。
㉖現代文學復刊號第二期，頁一三三。
㉗同上註。

㉘夏志清先生有「追念錢鍾書先生—兼談中國古典文學研究之趨向」（中國時報人間副刊65、2、9）、「勸學篇」（65、4、16），顏元叔先生有「印象主義的復辟」（65、3、10）及「親愛的夏教授」（65、5、7）。

㉙參考黃維樑先生「中國詩學縱横論」（洪範版），頁一，「詩話詞話和印象式批評」一文有深入的討論。

㉚臺靜農先生，百種詩話類編（藝文版）序文。

㉛青木正兒氏，清代文學評論史（開明版），第五章。

㉜郭紹虞氏，點校本「清詩話」（明倫版），前言。

㉝吳宏一先生，清代詩學初探，第四章第二節。

㉞說見註㉙，頁十六。

㉟南洋大學學報第八、九期，頁一一二。

㊱說見註㉙，頁七。

㊲同註㉟，頁一二九。

㊳中國古典文學研究叢刊（巨流版）散文與論評之部，頁三〇二。

㊴沈謙先生，期待批評時代的來臨（時報出版公司）頁八八。

㊵古典文學第一期，頁三九七，（學生書局）。

㊶轉錄自顏元叔先生，何謂文學，頁一三三。

㊷引自顏元叔先生，文學的玄思，頁一〇九，「新批評學派的文學理論與手法」一文。
㊸中外文學八卷四期，頁九四。
㊹同註㉙，轉引自「中國詩學史上的言外之意說」，頁一七一。
㊺引自傅孝先先生「困學集—西洋文學散論」，頁一八四。
㊻同註㊷，頁一五八。
㊼同註㊷，頁一五九。
㊽同註㊳，頁三〇六。

二、李賀詩的外緣研究

第一章　李賀的時代背景與生平

第一節　李賀所處之時代背景

李賀生處中唐，時當德宗、順宗、憲宗三朝。（生於德宗貞元六年，卒於憲宗元和十一年，享年二十七歲。）時間雖短，却是大唐國勢由盛轉衰的轉形期。安史亂後的唐朝亂象環生，所謂內憂外患紛至沓來。地方藩鎮割據，內廷宦官弄權，再加稅制破壞，社會貧富懸殊；外有外族吐蕃不時侵擾，唐室搖搖欲墜，國勢日非，幾至亡國。

唐的由盛世突然步向衰運，關鍵在於安史之亂①，而亂後最大後遺症是藩鎮的跋扈。京師毫無威信，節制一方的鎮將藉「留後」的倡行更爲獨斷，甚至各藩「結爲婚姻，互相表裏」，勢力坐大，幾不能制。鎮守山東河北五個藩鎮的，又都是安史餘孽，各擁重兵，控制太行山以東的河北平原廣大糧區，不但切斷關中財餉供應，又牽制住唐室大量兵力。唐政府僅仰賴江淮八道四十九州供應糧稅②，端靠漕運暢通，但運河所經之地，又都控制在藩鎭手裡，一些藩鎭即以截斷糧漕挾制中央③，顯示藩鎭的跋扈和猖狂。德宗朝有朱滔、朱泚、李納、王武俊先後稱王作亂，德宗出奔奉天，後來亂平，也僅能以羈縻手段赦免這些叛將，對藩鎭採取姑息政策，藩鎭的氣燄更盛。憲宗卽位，改元元和，共有十五年，稱號「中興」。先後平定劍南劉闢，夏綏楊惠琳，鎭海李錡等。而憲宗征伐藩鎭耗力最大的，當數元和十年至十二年討伐淮西之役。淮西吳元濟陰與淄青李師道、成德王承宗相機叛亂，唐室動用十六鎭兵力，耗費三年時間才得以平定。到了元和十四年，名義上號稱全國藩鎭聽命中央，各藩鎭仍然擁有自己勢力。次年憲宗爲宦官陳弘志所弒，河北三鎭又亂，唐室無力恢復，以迄唐亡④。

說到宦官弄權，實由於宦官參預唐室皇位繼承的政治鬬爭所引起。肅宗以後的皇帝，除德宗外，無一不由宦官擁立，因此宦官逐漸成爲中央政權的掌握者。安史亂前宦官雖憑藉皇帝權勢，搜刮財貨，爲禍尙不甚烈。安史亂後，德宗鑒於涇原兵變，內疑朝臣，外忌宿將，於是將典掌禁軍之權，託付宦官。憲宗時，宦官更掌樞密，從此，宦官掌握了唐朝軍權，唐朝的命運與皇帝的廢立，完全操在宦官的手中。難怪終唐之世，爲宦官所立之君共有七位哩！所謂「小則賣官鬻獄，蠹害朝政；大則構扇藩鎭，傾危國家」⑤不是沒有理由的。

由於設有監軍制度，宦官又跟藩鎭關係極爲密切，內外肆虐。順宗朝王伾、王叔文爲謀迅速採取奪回宦官軍權的行動過激，引起宦官爲求自保而反擊，終有永貞內禪之變，二王被殺，與事者被貶爲各州司馬。永貞定革失敗，宦官更加肆無忌憚，連憲宗也慘遭毒手，以後宦官權勢更爲擴張，外廷朝臣政爭，也援引宦官勢力以爲己助，宦官又有派系之分，各自支持朝臣中的寒門和世族兩大集團，演成朋黨之爭。牛李黨爭雖是牛僧儒和李德裕兩大政治集團權力的爭奪，其實也是宦官內部派系分裂傾軋的結果，朝政更不堪聞問。

外族侵擾方面，計有吐蕃、回紇及南詔交相侵擾，對唐帝國是致命的打擊。唐爲對付吐蕃，只有採聯回抗吐政策，回訖從中漁利，賣劣馬以換取綾絹，對唐室經濟是一沈重負擔。而吐蕃的寇侵，佔去河西、隴右兩節度使所轄數十州土地，勢力擴張到陝西中部，逼近京師長安，給予唐室很大威脅。自唐安史之亂後，吐蕃入侵，二次直逼長安，國家幾亡，後來採北守南攻策略，聯合南詔攻吐蕃腹心，吐蕃勢力才漸漸衰弱。南詔雖助唐有功，也時叛時服，成爲唐室南陲邊患。

前言及藩鎮、宦官及外族等問題都是事實，但最根本的癥結乃係政策偏失—稅制破壞，所造成社會擾攘不安、民生困苦。唐初實行均田制和租庸調稅制。安史亂後，均田制被破壞，租庸調稅制也無法實行。德宗採楊炎建議，採用兩稅法：「戶無主客，以見居爲簿；人無丁中，以貧富爲差。行商者在所郡縣稅三十之一，居人之稅秋夏兩徵之，……餘征賦悉罷⑥。」主意雖好，却有很多流弊。不單給藩鎮州縣多一個違法聚斂的機會，商人也從中取利。兩稅法規定繳納現錢，農民生產的又都是米穀實物，官吏折價，由於物賤錢貴，農民負擔倍增⑦。雖名爲兩稅，仍有鹽、茶等雜稅，再加上大量養兵取餉於民，人民生活困苦。李賀處於這個民生困苦的時代，雖身爲「宗室之後」，還有「一畝蒿磽田，夜雨叫租吏」⑧的苦況，其他百姓當可概見。

李唐皇室外要對抗吐蕃寇擾，內有藩鎭跋扈陵慢，再加宦官擅權，社會不安，僅能苟延殘喘，維持局面到晚唐覆亡而已。詩人李賀雖貴爲宗室之後，仍不免於窮愁潦倒，處在這種四處杌隉的環境下，因此不能無言。宋琬「昌谷集註序」剖析甚詳：

> 賀王孫也。所憂宗國也；和親之非也；求仙之妄也；藩鎮之專權也；閹宦之典兵也；朋黨之釁成；而戎寇之禍結也。以區區奉禮之孤忠，上不能達之天子，下不能告之群臣，惟崎嶇驢背，付諸幽荒險澀諸詠，庶幾後之知我者。

清人姚文燮也以爲李賀孤忠沉鬱之志，憂時愛國之衷可和屈原杜甫等量齊觀⑨，可能言過其實，但李賀個人有牢騷積憤，又生當中唐亂世，難免受時代影響，有憂時傷世之想，考之中唐詩風可知。

【附註】

①引自傅樂成「中國通史」第十六章「安史之亂以後的唐帝國」大中國圖書公司版。

②舊唐書卷十四憲宗紀上：「元和二年十二月己卯，史官李吉甫撰（元和國計簿）：『每歲賦入倚辦止於浙江東西、宣歙、淮南、江西、鄂岳、福建、湖南等八道，合四十九州。』」

③新唐書卷二一三藩鎮李師道傳：「師道乃遣客燒河陰漕院錢三十萬緡，米數萬斛，倉百餘區。」

④同註①。

⑤資治通鑑卷二六三，唐紀七九，昭宗天復三年春正月庚午條。

⑥舊唐書卷四十八，食貨志上。

⑦參考羅聯添先生「韓愈」（河洛出版社）頁一。

⑧賀詩「送韋仁實兄弟入關」。

⑨姚文燮昌谷詩註序。

第二節　李賀家世

㈠ 郡望與里居

自晉以來，矜尚門第。唐人相習，喜言「郡望」，而不注重「里居」。故「文人屬詞喜稱先代之地望，非必土著云然。李白生西蜀寄長安而自稱隴西成紀人①。」李賀自稱「隴西長吉」②又稱「成紀人」③。李氏之言隴西，在唐尤爲通例。

案新唐書卷一高祖本紀云：「高祖神堯大聖天光孝皇帝諱淵，字叔德，姓李氏，隴西成紀人也。」是李唐宗室籍出隴西成紀之證。但兩唐書李賀傳俱不言，只有太平廣記卷四十九引宣室志云：「隴西李賀字長吉，唐鄭王之孫。」明言李賀郡望，近人葉慶炳先生以爲「唐代實無隴西成紀地名，蓋以李氏郡望相稱耳」④。

考四庫全書總目卷一百四十九李太白集提要云：「至於隴西成紀，乃唐時以郡望通稱。故劉知幾史通因習篇自註：『近代史爲王氏傳，云瑯邪臨沂人；爲李氏傳，云隴西成紀人。非惟王、李二族久離本郡，亦自當時無此郡縣，皆是魏、晉以前舊名。』今勘驗唐書地理志，果如所說。」明人曾益詩註言「昌谷在隴西，爲賀居⑤。」雖誤昌谷地在隴西，其意乃係指李賀籍貫爲隴西；近人姜亮夫氏也以隴西成紀爲其籍貫⑥，都是以郡望相稱之故。

至於里居，四庫全書總目昌谷集提要⑦云：「賀系出鄭王，故自以郡望稱隴西；實則家於昌谷。昌谷地近洛陽，於唐爲福昌縣；今爲宜陽縣地，集中屢言歸昌谷。」故朱自清氏李賀年譜以爲：李賀居河南府福昌縣之昌谷。以下有三說可證：

㈠、宋張耒柯山集有「春遊昌谷訪長吉故宅」⑧，又福昌懷古詩中亦有「李賀宅」一首⑨。

㈡、李賀歌詩中以昌谷名篇者，即有始爲奉禮憶昌谷山居、昌谷北園新筍四首、昌谷讀書示巴童、春歸昌谷、昌谷詩、自昌谷到洛後門等。葉慶炳先生另加南園十三首，以爲「詩歌內容尤可見其鄉土之情，故李賀實昌谷人也」⑩。

㈢、又據田北湖氏昌谷別傳並注：「在京思家之句曰：『家山遠千里，雲脚天東頭』（崇義里滯雨）、『今將下東道，祭酒而別秦』（出城別張又新酬李漢）；其自家詣京之句曰：『又將西適秦』（自昌谷到洛後門），何東西顚倒之屢也。憶昌谷山居曰：『犬書曾去洛，鶴病悔遊秦』，其他秦洛對擧者，且數數見，凡云洛者指家而言，云秦者指京而言也。又送弟之廬山曰：『洛郊無俎豆』，是其家在洛陽，確無疑義。」連做夢都夢到昌谷，賀詩題歸夢首二句「長安風雨夜，書客夢昌谷」，可見一斑。

以上所言「昌谷」，不著於地書，王伯厚困學紀聞指出：昌谷在河南福昌縣三鄉東⑪。前引張文潛有「春遊昌谷訪長吉故居詩」及「福昌懷古」一章，專指長吉宅而言可證。又賀詩「開愁歌」有句「請貰宜陽一壺酒」，宜陽係福昌舊稱，河南府福昌縣本隋宜陽縣，唐武德元年，改宜陽爲福昌縣，取縣西隋宮爲名⑫。按隋書卷二十地理志：宜陽縣有福昌宮。女几山在縣西南三十四里⑬，卽蘭香神女上昇處⑭。故大略可了解昌谷位置：昌谷在福昌縣三鄉東⑮，隋故宮北⑯，與女几山嶺阪相承，縣西有昌谷水與甘水俱流注于洛水⑰，其地依山帶水，有南北二園，桑竹叢生焉⑱。

【附註】

①國粹學報四十三期，史篇頁二。
②李長吉歌詩卷二，酒罷張大徹索贈詩時張初效潞幕詩云：隴西長吉摧頹客。
③李長吉歌詩卷三，昌谷詩云：刺促成紀人。
④「兩唐書李賀傳考辨」，唐詩散論頁一一五。
⑤昌谷集卷一，頁六，始爲奉禮憶昌谷山居之注。
⑥歷代人物年里碑傳綜表頁一八三，華世出版社版。
⑦卷一百五十，商務印書館版。
⑧張耒柯山集拾遺卷二。

⑨張耒柯山集卷十九。
⑩唐詩散論頁一一五。
⑪困學紀聞集證卷二十。
⑫李吉甫，元和郡縣圖志卷五。
⑬同註⑫。
⑭李長吉歌詩王琦彙解卷四，昌谷詩元註，謂昌谷中之女山，卽蘭香神女上昇處。
⑮同註⑪。
⑯同註⑫。
⑰宋王應麟，困學紀聞集證卷二十按語。
⑱朱譜註：賀詩有南園十三首，昌谷北園新筍四首。

(二) 先世

李賀系出鄭王，舊唐書云：「李賀，字長吉，宗室鄭王之後。」①新唐書云：「李賀，字長吉，系出鄭王後。」②又太平廣記卷四十九引宣室志云：「隴西李賀字長吉，唐鄭王之孫。」三說相同。李長吉歌詩卷二「金銅仙人辭漢歌」序，自稱「唐諸王孫」；又卷二「仁和里雜敘皇甫湜」詩，有「宗人貸宅荒厥垣」，「欲雕小說干天官，宗孫不調爲誰憐？」王琦彙解以爲：「吏部爲天官，選授之事，吏部主之。長吉以天潢之裔，淹久不調，故欲上書天官，乞其見憐。」再看卷四「許公子鄭姬歌」有「爲謁皇孫請曹植」句，王琦註以「皇孫、曹植，皆以自謂。」以上所言，可見李賀乃唐鄭王一系。

而鄭王有二，新唐書卷七十宗室世系表列有大鄭王房、小鄭王房。大鄭王房始於鄭孝王亮；亮爲唐太祖景皇帝李虎第八子。是唐高祖李淵的叔父③。隋海州刺史，武德初進封鄭王。小鄭王房始於鄭惠王元懿；元懿爲高祖李淵第十三子，貞觀十年，改封鄭王④。新唐書宗室世系表中既稱李亮爲大鄭王房，而新唐書列傳第四稱元懿爲鄭惠王，稱其後的李勉（相德宗）、李宗閔（相文宗）、李夷簡（相憲宗）爲小鄭王後，也稱惠鄭王後，以別鄭王亮⑤。故舊唐書謂長吉爲「宗室鄭王之後」，單稱「宗室鄭王」而不名，新書也謂「系出鄭王後」也不名，當有別於元懿，理由明顯，李賀當出於大鄭王亮。田北湖氏「昌谷別傳」也主此說⑥。民初王禮錫氏證以「說鄭王，便是大鄭王；如說漢書，便是前漢書。」又舉宗室世系表標目云：「賀若出小鄭王房，必稱系出惠鄭王。」語多可採⑦，當從之。

前言及李賀及其父晉肅屬大鄭王房，而宗室世系表不載，葉慶炳先生謂漏列之故⑧；朱自清氏以爲世遠名微，不足增重之故而不列⑨。今據日人研究李賀達三十年之久的原田憲雄教授所考證⑩，稍作增補。他考出「詩人李長吉的四世祖先是李孝逸，曾流謫海南島」，轉錄於此並稍作排比說明其先世：

(1)鄭孝王李亮⑪，仕隋爲海州刺史，追封爲王，生子神通、神符。

(2)淮安靖王神通，少輕俠，隋末擧義師，從平京師，爲宗正卿，王永康郡，尋改封淮安王。武德初，拜山東安撫大使，進擊宇文化及，後爲竇建德所敗，復授河北行台左僕射。從太宗平劉黑闥，遷左武衛大將軍。貞觀四年薨，贈司空，謚曰靖。有子十一人，七人封王，獨孝逸爵公。

(3)梁郡公孝逸，淮安靖王神通么子。早年好學，頗屬文，始封梁郡公，高宗時，四遷益州大都督府長史，武后臨朝，入爲左衛將軍，甚見親遇。光宅元年，徐敬業據揚州作亂，以孝逸爲左玉鈐衛大將軍，帥軍南討，盡捕斬敬業等，以功進鎮海大將軍，改封吳國公。孝逸素有名望，自是時譽益重，武承嗣等忌之，以讒左遷施州刺史；武后又信惡語誣告，減死流配儋州（今海南島）而卒。

(4)孝逸以下迄李賀父晉肅之間應有幾世？無從查考，如以曾任節度使的李錡（神通子孝同之四世孫）這一支計算，李錡在憲宗元和二年反叛被斬（參考附錄世系簡表），如與李晉肅同時，則孝逸以迄晉肅應有三世或三世以上，由於文獻不足，姑置之以待他日。

【附錄】李賀世系簡表

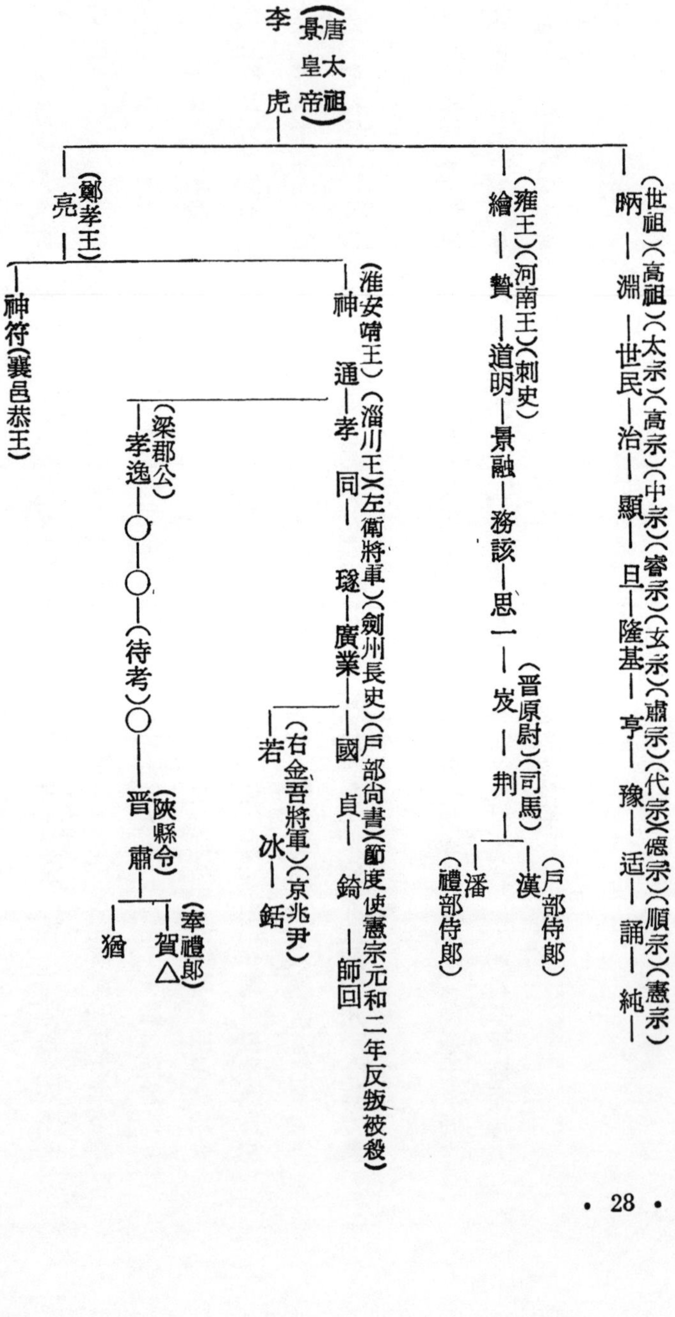
李虎（唐太祖景皇帝）
昞（世祖）—淵（高祖）—世民（太宗）—治（高宗）—顯（中宗）—旦（睿宗）—隆基（玄宗）—亨（肅宗）—豫（代宗）—适（德宗）—誦（順宗）—純（憲宗）—
繪（雍王）—贊（河南王）—道明（刺史）—景融—務該—思一—岌（晉原尉）—荆（司馬）
漢（戶部侍郎）
潘（禮部侍郎）
亮（鄭孝王）
神符（襄邑恭王）
神通（淮安靖王）—孝同（淄川王）（左衛將軍）—璲（劍州長史）—廣業—國貞（戶部尙書）—錡（節度使憲宗元和二年反叛被殺）—師回
若（右金吾將軍）冰（京兆尹）—銛
孝逸（梁郡公）—○—○—（待考）○—晉肅（陝縣令）
賀△（奉禮郎）
猶

【附註】

①舊唐書卷一百三十七。
②新唐書卷二百零三。
③見舊唐書卷六十，新唐書卷七十八。又見困學紀聞集證卷十八上，公安逕李晉肅入蜀句「閻注」案李賀傳，系出鄭王後，鄭王名亮，太祖第八子，非高祖之子，名元懿者。元懿則係小鄭王，或曰惠鄭王矣。
④見舊唐書卷六十四，新唐書卷七十九，並有傳。
⑤見新唐書卷七十九。
⑥昌谷別傳並注唐諸王孫李賀，字長吉，系出大鄭王房。
⑦轉錄李賀年譜，朱自清集頁九一八。本篇他處頗多採錄朱譜及葉慶炳先生「兩唐書李賀傳考辨」，並此致謝。
⑧同註⑦。
⑨同註⑦。
⑩採自杜國清先生著「李賀研究的國際概況」，現代文學復刊號第二期。
⑪舊唐書卷六十，新唐書卷七十八。以下同。

(三) 家族

甲、父名晉肅，陝縣令，邊上從事。母夫人鄭氏。

韓愈「諱辨」①及兩唐書本傳②均言賀父名晉肅，不及他事。太平廣記卷二百二引五代王定保「摭言」，稱其父名瑨肅，邊上從事，「瑨」當係「晉」之誤。

李晉肅事蹟不見正史，以下謹就筆記等相關資料稍作說明：杜甫曾有「公安送李二十九弟晉肅入蜀余下沔鄂」詩贈別李晉肅，可能兩人有親戚或朋友關係。據杜詩黃鶴注：「此大歷三年作。晉肅，李賀之父，見韓文諱辨。」③洪邁容齋續筆④也談到「杜子美有送李二十九弟晉肅入蜀詩，蓋其人（指李賀之父）云。」又王伯厚困學紀聞卷十八上：「公安送李晉肅入蜀，蓋卽李賀之父。」岑仲勉氏「唐人行第錄」也採之⑤。並列有劉禹錫「送李二十九兄員外赴邠寧使幕」條⑥，個人疑此二十九兄員外乃係李晉肅，如屬實，則李晉肅和劉禹錫很可能是朋友，且與「摭言」所說邊上從事之職合。

先說子美送晉肅入蜀詩「正解柴桑纜，仍看蜀道行。檣烏相背發，寒雁一行鳴。南紀連銅柱，西江接錦城。憑將百錢卜，漂泊問君平。」其意乃慨嘆兄弟就食各方，無法雁序同行，何時得免漂泊？可見李晉肅年青時（假定年齡二十左右）即四方使幕，到了貞元九年才任陝縣令⑦，年紀已四十五六矣，而李賀貞元六年生，晚年得子，迄元和二年李賀十八歲丁外艱⑧，則李晉肅享年約六十歲左右。

又劉禹錫「送李二十九兄員外赴邠寧使幕」詩⑨云：

家襲韋平身（生）業文，素風清白至今貧。南宮通籍新郎吏，西候（族）從戎舊主人。（下略）

考「韋平」係父子宰相，依新唐書宰相世系表，隴西李氏無之，或許稱頌之詞。至於「業文」「清貧」可狀其家聲，只有「南宮」有兩意⑩：一指漢宮名，今河南洛陽縣東；一指尚書省吏部爲南宮，會試中式謂之捷南宮。故整句或可作：家住洛陽仕宦新進郎吏，往西（指邠寧，陝西西安府邠州）作幕，侍候以前舊主人，與李晉肅做過邊上從事之職合可證。另外宋人吳正仲優古堂詩話⑪也談到「李長吉有桃花亂落如紅雨之句，以此名世。予觀劉禹錫詩云：花枝滿空迷處所，搖落繁英墜紅雨，劉李同出一時，決非相爲剽竊。」可看出風格相近之處，雖然無從證明兩家關係如何，姑存一說，以待後考。

母夫人鄭氏，見太平廣記卷四十九引唐張讀宣室志⑫。新唐書本傳也談到：「（賀）每旦日出，騎弱馬，從小奚奴，背古錦囊。遇所得，書投囊中。……及暮歸，足成之……母使婢探囊中，見所書多，卽怒曰，是兒要嘔出心乃已耳！」可見鄭氏愛護之深。又李商隱李賀小傳云：「當召長吉……言阿㜷老且病，賀不願去。」由此可知太平廣記丁內艱之誤，並知鄭氏死年在李賀之後。據李商隱所述事迹也可見出李賀孝順之忱。

最後談到杜甫與李賀父晉肅有關係，日人原田憲雄也稱李賀與杜甫具有血緣關係⑬。此說如屬實，應可從兩方面看：

㈠、杜甫身體含有唐代宗室血統，是從母系獲得的⑭。從杜甫祭其外祖祖母文，敍述其外祖母之祖父紀王李慎，外祖母之父義陽王李琮，以及外祖父之外王父李元名先後配流而死之慘劇，云：「緬維夙昔，追思艱窶，當太后（武后）秉柄，內宗如縷，紀國則夫人（外祖母）之門，舒國則府君（外祖父）之外父⑮。」以證，杜甫因外祖家與唐朝帝王子女通婚關係而有貴族血統，而李賀一系雖係唐宗室旁支，由於杜甫有「對於浮沈藩鎭之貴族與流落江湖之王孫特別寄以同情」⑯，而跟李晉肅稱兄道弟，也未可知。

㈡、杜甫有姨表兄弟，姓鄭，如滎陽鄭宏之與他在洛陽北邙山合祭其外祖父母可證⑰，那麼李賀母親鄭氏或許與之同文。近人聞匡齋「少陵先生年譜會箋」言「公安送李入蜀詩稱二十九弟，李必公（指杜甫）之姻婭」是另一旁證。

總之，杜甫與李賀家族應有關係，由於文獻不足，難免揣測之詞，像與劉禹錫之關係姑存疑，以待高明。

乙、姊嫁王氏。

李商隱李賀小傳云：「長吉姊嫁王氏者，語長吉之事尤備⑱。」清馮浩註李賀小傳云：「長吉姊嫁王氏者，疑卽參元所娶⑲。」據李賀小傳言，王參元是李賀密友諒無問題。王參元（考證詳李賀交游考）既是李商隱岳父陳許節度使王茂元季弟，跟李商隱是叔岳父當有往來，而李賀小傳言長吉將死之景，歷歷如目，且一再申明「王氏姊非能造作謂長吉者，實所見如此。」李商隱雖向喜李賀詩，如無親密關係那能歷歷如繪如在目前？朱自清氏認爲「殊嫌誤會」⑳，而鄭騫先生也談及：「如所疑屬實，則李商隱跟李賀有親戚關係，李賀的姊姊是商隱夫人的嬸母。小傳中所敍事跡，乃是商隱聽他這位叔岳母說的。當然這只是猜想，無法證實㉑。」

觀商隱所有作品，單單只給李賀作小傳，傳中所言都採之王氏姊，且所與遊者次序，王參元列之首，跟新唐書本傳所列與遊之人次序不同（權璩、楊敬之、王恭元之順序，恭元之恭當係「參」之誤），可想見其中親密關係。又李賀既與王參元是密友，娶其姊非無可能，最少可揣測是嫁給王茂元族人應無問題。李義山既跟王茂元聯姻，季弟王參元或其族人家眷當有機會相與論詩或交往，鄭騫先生的懷疑是合理的，只可惜文獻不足證明而已。

丙、弟猶。

田北湖氏云：「集中示弟詩，宋本題目多一猶字，當即弟名，他刻所無也，徐渭長本從之。」㉒朱自清氏以爲：名「猶」則始見於徐渭董懋策唐李長吉詩集，即在示弟詩題下增一字。此本云是依宋上黨鮑欽正刻本，實亦不盡然。然宋本賀集今猶存蜀本宣城本，皆無此字㉓。不管如何，李賀有小季且友愛有加是事實，除了示弟詩、勉愛行二首送小季之廬山二首外，在「題歸夢」詩一首裡也常懷念其弟，「長安風雨夜，書客夢昌谷。怡怡中堂笑，小弟裁澗菉」顯見手足親情。

丁、妻沈氏，有一子或無出。

賀出城詩云：「雪下桂花稀，啼烏被彈歸。關水乘驢影，秦風帽帶垂。入鄉試萬里，無印自堪悲。卿卿忍相問，鏡中双淚姿。」朱自清氏引王禮錫之說，據此詩「卿卿」二語，謂賀有婦也㉔。另據「咏懷之一」云：「彈琴看文君，春風吹鬢影」二句可供證明。日人原田憲雄主張其戀人是吳出身的沈氏㉕，不知何據？賀有好友沈亞之，吳興人，或許與亞之有關。又日人稻田尹所作「李長吉的生涯」則說：「長吉於十七八歲時成家，其妻似不健康，育有一子，但母子均死於李賀之前㉖。」朱自清氏又引杜牧李長吉歌詩敍所述沈子明語，謂「賀復無家室子弟，得以給養卹問」，疑其無出。三說並存，姑且當作推測之詞，有待後考。

戊、族兄數人，表兄一人。

見於詩者三人：二兄、正字十二兄、十四兄。詩各一見：奉和二兄罷使遣馬歸延州、秋涼寄正字十二兄、潞州張大宅病酒遇江使寄上十四兄。觀詩語不够親切，不若示弟詩那種手足之情，朱自清氏疑賀與其族兄人跡甚疏之故㉗。另有表兄一人，嘗恨其傲忽，把李藩（詳後交游考）侍郎交付李賀所有歌詩投入溷中洩恨，語見唐張固幽閒鼓吹。

【附　註】

①韓昌黎文集卷一
②舊唐書卷一三七，新唐書卷二百三。
③仇兆鰲杜詩詳註卷二十二。
④容齋續筆卷十一，唐人避諱條。

⑤九思出版社唐人行第錄頁六十。

⑥同註⑤。

⑦全唐文卷五百四十六，崔敎「邵伯祠碑記」。

⑧太平廣記卷二百二韓愈條，言（賀）年未弱冠，丁內艱。丁內艱當係丁外艱之誤，賀死時，夫人鄭氏固及見，田北湖、朱自清兩氏主之。

⑨全唐詩卷三五九劉禹錫六；又劉賓客集卷二八（四部備要本）。

⑩辭源頁一四六一。

⑪藝文印書館續歷代詩話頁二七六。

⑫藝文百部叢書稗海本未見；今據明倫出版社版太平廣記內引出。

⑬引自杜國清李賀研究國際概況，現代文學復刊二期。

⑭台灣師範大學國文學會出版「文風」創刊號，杜呈祥「從杜甫的父系看杜甫的出身」引出。

⑮劉孟伉杜甫年譜頁四，學海出版社。

⑯同註⑮。

⑰同註⑮。

⑱四部備要樊南文集詳註卷八。

⑲同註⑱。

⑳朱譜註㉒。

㉑古今文選新二二一期，李賀小傳鄭騫先生註解八。

㉒昌谷別傳並注，史篇頁三。

㉓朱譜，弟猶條。

㉔同註㉓。

㉕同註⑬。

㉖台大文學五卷二期。

㉗同註㉓。

(四) 家庭經濟情況

李賀籍出隴西，唐宗室旁支，雖系屬王孫，但迹其行事及詩句，每爲貧窮所苦。定居河南福昌縣昌谷，似有「南北二園」等產業，但也僅僅「一畝蒿磽田」（送韋仁實兄弟入關）而已，可見家道並不富裕，近人王禮錫氏認爲李賀尙有童僕等排場侍候，理應生活過得去①，這或許是他父親在世時那段好日子。考其生平應可分爲兩個階段，元和二年李賀十八歲丁外艱以前，家庭都是他父親李晉肅支撐著，李晉肅當過陜縣令、邊上從事，家庭經濟應該可以維持。十八歲以後，李晉肅一死，全部家計都落在李賀的頭上，只有仕途才能維持生活，支撐門戶。元和五年李賀二十一歲本以爲「擧進士有名」，青雲直上，指日可期，那曉得「時輩從而排之，賀竟不第」（「太平廣記」語）。雖有韓愈爲作「諱辨」，也無法改變殘酷的事實，一切美夢成空，身受家庭生計的逼迫，次年不得不屈就奉禮郎②。貸宅長安却又「荒厥垣」，其詩「始爲奉禮憶昌谷山居」雖係憶想之作，其「向壁懸如玉，當簾閱角巾」句也可想見家徒四壁蕭條之狀。他連「魂夢中亦會想到他家徒四壁，和（父）母妻弟的飢啼孀怨的凄苦了③。」賀詩「題歸夢」云：

長安風雨夜，書客夢昌谷。怡怡中堂笑，小弟裁澗菉。家門厚重意，望我飽飢腹。勞勞一寸心，燈花照魚目。

觀詩句「家門厚重意，望我飽飢腹」，可知李賀必須挑起全家生活的擔子。但區區奉禮郎，從九品上，官卑職小，不足仰事俯蓄。近人楊樹藩先生考之唐從九品京官待遇，換算米若干，不及漢朝一半，得之結論：「漢之百石小吏能充分維持五口之家而有餘，唐之從九品小京官則不如也明矣④。」宋洪邁容齋續筆卷十五云：「唐世朝士俸錢至微」可證。又「送沈亞之歌」序云：

文人沈亞之，元和七年，以書不中第，返歸於吳江，吾悲其行，無錢酒以勞，又感沈之勤請，乃歌一解以勞之。

李賀自序言及「無錢酒以勞」，可見賀之貧也。又喜買醉解愁，竟「旗亭下馬解秋衣，請貰宜陽一壺酒」（「開愁歌」），典衣貰酒解千愁，可惜「壺中喚天雲不開，白晝萬里閒淒迷」（「開愁歌」），也無可如何！元和八年以病辭官歸昌谷，「去家三載今如此，索米王門一事無」（「勉愛行送小季之廬山之二」），雖任小京官活不成又餓不死，落到一事無成的地步，只有回家賦閒，但是「洛郊無俎豆，弊廄慚老馬」（同前首之一），甚可慨矣。故出城賦別好友張又新、李漢時，詩云：

李子別上國，南山崆峒春；不聞今夕鼓，差慰煎情人。趙壹賦命薄，馬卿家業貧。……長安玉桂國，戟帶披侯門。……小人如死灰，心切生秋榛。（詩長不全錄）

朱自清氏稱：「所謂長安居，大不易，區區奉禮郎，眞『臣朔飢欲死』矣，其前數語以趙壹馬卿自況，實由衷之言⑤。」李賀回到昌谷，家居雖有燕婉之樂，但家只薄田維持生計已屬不易，仍然常被催繳租稅，賀詩「送韋仁實兄弟入關」云：

君子送秦水，小人巢洛烟。……我在山上舍，一畝蒿磽田。夜雨叫租吏，春聲暗交關。誰解念劳劳！蒼突惟南山。

朱自清氏指出「『一畝蒿磽田』耳，猶不能脫催租吏手，苦已⑥。」再看其家有昌谷南北園，環境雖清悠，所作詩却大嘆苦經！如「南園」詩云：「三十未有二十餘，白日長飢小甲疏」；「昌谷北園新筍」云：「茂陵歸臥歎清貧」，其中消息可知矣。後來連季弟李猶都照顧不及了，只好遠送廬山謀食。「勉愛行二首送小季之廬山」其二云：

別柳當馬頭，官槐如兎目。欲將千里別，持此易斗粟。……下國飢兒夢中見。……

李賀雖傷心自責，連自己最親愛呵護的小季都難以照顧，心中痛苦可知。到了元和九年秋，窮得必須往潞州依張徹，依朱自清氏言，李賀係「依徹以見於郗者⑦。」當時昭義節度使郗士美兼領澤潞二州，或許想從諸藩府辟置某官，找個糊口之處。但依徹三年似乎未被見用；而且生活很落魄。「酒罷張大徹索贈詩時張初效潞幕」云：

……隴西長吉摧頹客，酒闌感覺中區窄；葛衣斷碎趙城秋，吟詩一夜東方白。

觀「葛衣斷碎趙城秋」句，可知時屆秋序仍衣葛，鬱悒窮愁，理當夭亡，元和十一年從潞州歸家卒，享年才二十七歲。考其一生如此之短，後十年又要支撐李家門戶，窮愁困頓，家庭經濟情況不堪聞問，衣食既不周（「衣如飛鶉馬如狗」—開愁歌），再加病痛不絕（「病骨傷幽素」—傷心行），雖不到孟郊和賈島那種滿紙啼飢號寒的地步，情況也差不多了。李賀的後半生窮愁潦倒，和他早年那種顧盼自雄、風光不可一世的日子相比，是一絕大的諷刺！

【附註】

①引自稻田尹「李長吉的生涯」註五十四，台大文學五卷二期。

②朱自清氏「李賀年譜」元和六年條：「賀之爲奉禮郞，……然實不樂此。」

③賀揚靈氏，李長吉歌詩，頁二十，華世出版社。其中「父母妻弟」之「父」應去掉，蓋當時其父已逝。

④唐代政制史，頁四二〇，正中書局。

⑤同注②，元和八年條。

⑥同前註。
⑦同注②，元和九年條。

第三節　李賀交游

李賀生前事跡頗多傳疑，只有朋友交往之跡還算清楚，但後人仍然難免張冠李戴，如沈子明究係沈傳師、沈駙馬或是另有其人？李藩侍郎（見唐張固幽閒鼓吹）元和六年已卒，如何在李賀死後搜集其詩歌？另有所謂李賀忘年交戴叔倫，卒於賀出生前一年，究係什麼緣故？以下分段按人陳述，盡可能詳考其故。

賀生前交游可考者應有十四人，在新唐書本傳、杜牧「李長吉歌詩叙」、李商隱「李賀小傳」及雜說筆記所載，共約有二十五六人。而影響最大、交往最深當屬韓退之及其門人。朱自清氏「李賀年譜」云：

「賀交游有姓名可考者十四人，愈以外，若皇甫湜、沈亞之、李漢、陳商、張徹皆其門下士若後輩，其所以推引賀者至矣。後賀依張徹於潞州者復三年（詳後），向使不識愈，焉能若是？則謂其平生出處，繫於愈一人可也。」①

其次多貴游子弟，王參元、權璩、崔植、楊敬之、沈子明等是。田北湖氏「昌谷別傳並注」云：

「史稱賀與權楊往來最密，按權璩為宰相德輿之子，元和初方執國政，楊敬之、張徹、韋仁實兄弟皆以門蔭列于仕宦，是賀友多貴游子弟也。」②

謹將無從考出者，約有下列十二人，先予說明於後：

(1)**沈駙馬**：姚文燮「昌谷集註」認為憲宗第四女宣城公主下嫁沈蟻，沈駙馬即是沈蟻。吳正子懷疑沈駙馬即杜牧「李長吉歌詩叙」中所謂沈子明③（沈子明究係何人？後有詳考。）另有陳本禮「協律鉤元」注沈駙馬即「諱子明，尚憲宗安樂公主。」考之新唐書所載憲宗十八女之中，並無安樂公主名。而李賀「同沈駙馬賦得御溝水」一首，乃藉描寫御溝之水以抒寫宮怨，似與沈駙馬無關，或宴飲中認識而已。

(2)**秦光祿**：諒係秦姓光祿大夫，出征塞上，賀賦詩「送秦光祿北征」一首送行。

(3)**謝秀才**：李賀有詩「謝秀才有妾縞練，改從于人，秀才引留之不得，後生感憶，座人制詩嘲誚，賀復繼四首」，姚文燮以元稹初論宦官，致經折挫，不克固守，中道改操，遂與賢人君子為仇。賀適遇縞練之事，因以寓諷而作此四首④。但依題意看，四首言淚言啼，俱屬縞練，當以縞練後生感憶，作而諷之兼慰謝秀才也。又另一首「五粒小松歌」並序言及「前謝秀才杜雲卿命予作五粒小松歌」中之謝秀才諒係同一人。

(4)**杜雲卿**：前引「五粒小松歌」並序道及，史傳無徵，不知何許人。

(5)**崔氏**：賀詩「代崔家送客」，崔家，曾益「李賀詩解」作崔是，無所考。

(6)**杜豳公**：賀詩「唐兒歌，杜豳公之子」，依舊唐書卷一四七，杜黃裳字遵素，京兆杜陵人，拜平章事，封邠國公，有男載、勝，都登上第。杜黃裳以七十高齡卒於元和二年，子載、勝諒已成人，所謂唐兒者，不知何許人？此杜豳公當非杜黃裳可知。其後杜悰亦封邠國公，然在懿宗時，去長吉之沒已久，故杜豳公當另有其人。

(7)**朔客李氏**：賀詩「申胡子觱篥歌並序」，叙朔客李氏亦世家子，得祀江夏王廟，奉官北部。考江夏王名道宗，唐之疏屬，太宗時以戰功累封江夏郡王，朔客李氏當係其流裔，賀亦宗室之後，故而惺惺相惜。

(8)**趙生**：賀詩「題趙生壁」，觀詩意當係描述隱居悅然自處之景，故王琦以為是「隱居自樂者」。

(9)**呂將軍**：賀詩「呂將軍」一首，王琦彙解以為呂將軍為泰陵護衛（元宗泰陵）之官。或係當時有呂姓將軍，長吉借呂布史事以詠之。

⑽**許公子**：賀詩「許公子鄭姬歌，鄭園中請賀作」，錢澄之以爲鄭姬請歌而作，因其交歡許公子。徐渭以許公子當是戚畹秦人，偶入洛而買懽鄭姬者，無所考，姑從之。

⑾**梁公子**：賀詩「梁公子」，王琦以爲所稱梁公子必蕭姓，以其蕭梁之後裔，陳弘治先生「李長吉歌詩校釋」以梁公子不詳確指蕭家何人，此蓋詠其風韻之事。

⑿**虞卿**：賀詩「南園十三首，其十二」，有句「誰遣虞卿裁道帔」，虞卿，王琦注以昌谷中人，有潛光隱曜，道服而幽居者，與長吉往來交好，其人虞姓，故以虞卿比之。

(一) 韓　愈

韓愈，字退之。系出潁川（今河南禹縣），籍隸河南河陽縣。唐代宗大歷三年（西元七六八）生。德宗貞元八年（七九二）韓愈年二十五，進士擢第。三試博學宏辭科不成，並三上宰相書也未見用，貞元十二年被董晉辟爲汴州觀察推官。貞元十五年董晉卒，汴州軍亂往依武寧節度使張建封。貞元十七年調四門博士，貞元十九年遷監察御史，上疏極論宮市，貶陽山令，改江陵法曹參軍。元和元年，召授權知國子博士，二年分司東都，三年眞授博士分司，四年改都官員外郎分司東都，五年拜河南令，遷職方員外郎。元和七年復爲國子博士，八年改比部郎中史館修撰，踰歲轉考功郎中、知制誥，十一年遷中書舍人，尋降爲太子右庶子，十二年宰相裴度表爲行軍司馬，平淮蔡，以功授刑部侍郎。十四年以諫憲宗佞佛，貶潮州刺史，移袁州刺史。十五年授國子祭酒。長慶元年轉兵部侍郎，二年授鎮州宣慰使，宣撫王庭湊鎮州軍亂，轉吏部侍郎。長慶四年卒，年五十七，贈禮部尙書，謚曰文。有韓昌黎文集行世。（舊書一六〇、新書一七六韓愈傳，羅聯添先生「韓愈研究」）

李賀與退之有往來，當在元和二年。韓愈以去年夏爲國子博士，本年秋分司東都，李賀袖詩至東都謁韓愈當在此時，唐張固幽閒鼓吹⑤云：

賀以歌詩謁韓吏部。時為國子博士分司，送客歸，極困。門人呈卷，解帶旋讀之，首篇雁門太守行曰，「黑雲壓城城欲摧，甲光向日金鱗開。」却援帶，命邀之。

朱自淸氏以爲福昌在東都西一百五十里，往來甚易也⑥。李賀既受激賞，理應時相唱合才對，何以迄元和四年六月賦高軒過期間，約有兩年沒有來往的紀錄，很可能李賀丁憂在家⑦。是年賀十八歲，好友王參元、楊敬之、權璩等都應擧登第⑧，沒有理由蟄伏不應擧業。

元和四年李賀在東都，韓愈在是年六月十日以後改都官員外郎守東都省，賀詩「高軒過」言「韓員外愈、皇甫侍御見過，因而命作」，可知韓愈、皇甫湜連袂趨訪，賀爲作「高軒過」詩以答之云：

華裾織翠青如葱，金環壓轡搖玲瓏。馬蹄隱耳聲隆隆，入門下馬氣如虹，東京才子文章公。二十八宿羅心胸，九精照耀貫當中，殿前作賦聲摩空，筆補造化天無功。龐眉書客感秋蓬，誰知死草生華風。我今垂翅附冥鴻，他日不羞蛇作龍。

詩明言東京，故知賀是年在洛陽。朱自清氏以爲愈、湜甚負時譽，「東京才子文章公」，殆非諛詞而已。其過賀足爲增名不少，賀之感激可知；故有秋蓬生風，附鴻、作龍之語，信其能相推引也⑨。又引撫言記牛僧儒事以證⑩，可明韓愈愛才。舊書韓愈本傳云：

頗能誘厲後進，館之者十六七，雖晨炊不給，怡然不介意。

又新書本傳言及：「成就後進士，往往知名。經愈指受，皆稱韓門弟子。」後人雖有李賀非韓門弟子之論，但依韓上項性格，爲之游揚縉紳之間，諒無問題。劇談錄云：

元和中，進士李賀善為歌篇，韓文公深所知重。於縉紳之間每加延譽，由此聲華籍甚。⑪

既名聲響亮，當有慕名之輩，世傳元稹明經及第登門被拒於門外啣恨報復，已證明虛構⑫。但足以說明李賀何以顧盼自雄的理由，或許結交貴游子弟：權璩、崔植、楊敬之、王參元、沈子明以及落拓長安青年作家如張又新、沈亞之、陳商等都在此時。這些人日後都當要路，也足證明李賀確實受到重視，可視爲韓愈提携的結果。是年韓愈從子婿張徹登進士第，後來李賀往依張徹，或許也是韓愈爲之介紹所致。

元和五年，李賀已二十一歲，是年韓愈爲河南令，賀應河南府試，作十二月樂詞，獲選，舉進士入京，有人與賀爭取上榜，毀其父名晋肅，「晋」「進」同音，子不得舉進士，韓愈爲作「諱辨」云：

賀舉進士有名，與賀爭名者毀之曰：「賀父名晉肅，賀不舉進士為是，勸之舉者為非。」聽者不察也，和而唱之，同然一辭。皇甫湜曰：「若不明白，子與賀且得罪！」⑬

李賀樹大招風，韓愈雖很賣力替他辯解，但唐人極重家諱，双手無力回天，卒不就試，朱自清氏以爲時俗如此，殆不僅負氣而已⑭。宋錢易南部新書云：

凡進士試，遇題當有家諱，謂之文字不便，卽託疾下將息狀求出云，「牒某忽患心痛，請出試院將息，謹牒如的。」⑮

又按李商隱爲白居易所作墓誌銘⑯云：「公字樂天，諱居易，前進士，避祖諱選書判拔萃。」陳直齋注曰：「避祖諱者，公祖名鍠與宏同音，言所以不應宏詞也。」葉慶炳先生以爲唐時確有此俗；則韓愈諱辨，在當時人心目中，無異强詞奪理，殊不能使人心服⑰。韓愈的努力既成泡影，李賀只有賦「出城詩」返鄉去也。

次年（卽元和六年）以恩澤得官奉禮⑱，在長安三年，遊趙依張徹三年，迄元和十一年卒，都不再有與韓愈交往之紀錄，殊可怪矣。近人吳車先生著「韓門詩家論評」談到「李賀與韓愈」云：

細考李集，此四、五年間，賀未嘗再與韓愈相與者。……又元和十一年卒，……而以韓愈「廣接天下士」之襟懷，素稱愛才，何以李賀卒時，並無悼念文字？⑲

此一疑問恐不易回答。考元和十一年韓愈好不容易爬到中書舍人正五品位置，如宦途順利，立可位至宰相，結果被黜爲太子右庶子⑳，心情惡劣或其他不便之故。李肇唐國史補下卷(十一)云：

韓愈引致後進，為求科第多有投書請益者，時人謂之韓門弟子，愈後官高不復為也。

韓愈官越大越高，行事越來越謹愼，不復早期那種放蕩不羈不受拘束與直言無諱，不論對象不擇時機的性格㉑。以前爲李賀作「諱辨」的那種「發言眞率，無所畏避」的精神㉒已不存，大概在當年那種重「諱」的氣氛裡，是不合時宜的，舊唐書本傳還特爲提出來，有菲薄之意㉓。李賀又無功名，爲了悼念文字而放言高論諒非所宜，且當時之所以被黜爲太子右庶子，乃係爲人作序，文字惹禍之故，舊書本傳云：

俄有不悅愈者，摭其舊事，言愈前左降爲江陵掾曹，荊南節度使裴均館之頗厚，均子鍔凡鄙，近者鍔還省父，愈為序餞鍔，仍呼其字。此論喧於朝列，坐是改太子右庶子。

朝廷爲這種小事而貶韓愈，未免小題大作，但韓愈爲了光宗耀祖而努力上進，又怕放言議論的性格惹禍，只好閉口無言。也可能詩作風格越來越不同，雖有人認爲李賀是韓派，其實李賀有他自己獨特的聲音，道不同遂不相爲謀，韓愈固有恩於李賀，也只好漸漸疏遠了。當然，李賀能夠傳世，韓愈與有力焉，必須在此記上一筆，兩人交往誠亦文壇佳話，值得再三致意。

(二) 皇甫湜

皇甫湜，字持正，睦州新安人，新唐書有傳㉔。約生於代宗大曆十二年㉕，大李賀十四歲。憲宗元和元年進士擢第㉖。三年登賢良方正能言極諫科㉗。時楊於陵、韋貫之等爲考官，翰林學士裴垍、王涯等爲覆策官。皇甫湜與牛僧儒、李宗閔等對策，條陳時政，其言鯁直，爲權倖（指宦官）所傾，以皇甫湜爲王涯之外甥，坐是貶官，楊、韋、裴皆貶。牛僧儒調伊闕尉，皇甫湜出爲陸渾尉㉘。後改監察御史，約當元和四年㉙。元和十一、二年復從事荆州、襄陽幕，累官至工部郎中。文宗大和八年裴度爲東都留守，皇甫湜以辨急使酒，數忤同省，求分司東都，留守裴度辟爲判官。度修福先寺，將立碑，求文於白居易。湜怒曰：「近捨湜而遠取居易，請從此辭。」度謝之。湜既請斗酒，飲酣，援筆立就。度贈以車馬繒綵甚厚，湜大怒曰：「自吾爲顧況集序，未常許人。今碑字三千，字三縑，何遇我薄邪？」度笑曰：「不羈之才也。」從而酬之。湜嘗爲蜂螫指，購小兒斂蜂，擣取其液。一日命其子錄詩，一字誤，詬躍呼杖，杖未至，嚙其臂血流㉚。皇甫湜約卒於文宗大和八、九年以後㉛。有文集六卷（四部叢刊本）。詩存三首（題浯溪石、石佛谷、出世篇），見全唐詩卷三六九。

皇甫湜係韓愈主要弟子，其初識韓愈在貞元十九年㉜。元和二年李賀袖詩謁韓愈，田北湖氏以爲「韓愈見所業奇之，而疑其古人，因皇甫湜之羅致㉝。」或許皇甫湜已和李賀交往。考賀詩「仁和里雜敍皇甫湜」詩句「枉辱稱知犯君眼，排引纔陞强緪斷」之語，是李賀與皇甫湜結交在湜尉陸渾之前，不待湜爲侍御史時始聞李賀才名而往訪也㉞以證。由於韓愈、皇甫湜愛才，待元和四年湜遷侍御史再到洛陽會韓愈時，聯袂過訪李賀，以提高李賀身價（見前引牛僧儒因韓、皇甫過訪而名益著可知），李賀作「高軒過」詩（見前）答謝，考高軒過原詩注：「韓員外愈、皇甫侍御見過，因而命作」與史實符合。

元和五年韓愈爲河南令，皇甫湜仍滯留洛陽與愈交往㉟。是年冬李賀年廿一，應河南府試，獲選，韓愈致書李賀勸其舉進士。與賀爭名者毁之曰：「賀父名晉肅，賀不舉進士爲是，勸之舉者爲非。」皇甫湜謂韓愈曰：「若不明白，子與賀將得罪。」愈爲作「諱辨」。然賀卒不就試㊱，歸。韓愈、皇甫湜之愛護推轂可謂至矣，李賀雖負才名，但命途多舛，蒙此重大打擊，其失意不難想見。

元和六年，韓愈入朝爲職方員外郎。皇甫湜仍爲侍御史，當亦去洛陽歸京師。是年嘗赴黔南。迄元和八、九年，羅聯添先生疑「皇甫湜時已罷職閒居，但不知其寓居何處㊲。」而朱自清氏李賀年譜元和八年條，仍以「湜時爲監察御史如故」且似乃居洛陽與賀往還，與羅先生所考稍有不同。考賀詩三首敍送皇甫湜似都言明洛陽，而是年（元和六年）李賀已爲奉禮郎，迄元和八年春以病辭官歸昌谷之間，李賀居京三年，不可能到洛陽，故賀詩三首可能在元和五年入京赴禮部不試歸洛陽所作，案題意，如以皇甫湜去向言，依羅先生所考元和八、九年已罷職閒居，則朱自清氏把「官不來題皇甫湜先輩廳」、「仁和里雜敍皇甫湜」以及「洛陽城外別皇甫湜」三首列在元和八年冬天㊳是不符合事實的。問題是皇甫湜在元和八年後之蹤跡無法確定，也無從推翻朱氏的說法—皇甫湜仍在洛陽任監察御史，姑從朱氏繫在元和八年冬十月條。

是年十月冬，賀有詩「官不來題皇甫湜先輩廳」云：

官不來，官庭秋，老桐錯幹青龍愁。書司曹佐走如牛。疊聲問佐官來否，官不來，門幽幽。

依朱譜皇甫湜既在洛陽，是年秋天李賀可能往訪，不遇而作是篇，嘲湜之處閒曹兼示詼諧之作[39]。又「仁和里雜敘皇甫湜。湜新尉陸渾」云：

大人乞馬癯乃寒，宗人貸宅荒厥垣。橫庭鼠逕空土澀，出籬大棗垂珠殘。安定美人截黃綬，脫落纓裾瞑朝酒，還家白筆未上頭，使我清聲落人後。枉辱稱知犯君眼，排引纔陞強紱斷。洛風送馬入長關，闔扇未開逢猰犬。欲雕小說干天官，宗孫不調為誰憐。明朝下元復西道，崆峒敘別長如天。

考其本意朱自清氏釋之甚明：首四語詠二人寒酸情景，同病相憐。次四語謂湜官卑不調，逃於麴蘖之中。次四語述韓愈與湜相援引，令其舉進士，而卒為人所毀。次二語謂欲上書吏部，乞其見憐。末二語則謂將復西行入京㊵。舊註「湜新尉陸渾」恐係後人所加，考詩意非尉陸渾時作甚明。

十月望後，賀與湜別，有洛陽城外別皇甫湜詩云：

洛陽吹別風，龍門起斷煙。冬樹束生澀，晚紫凝華天。單身野霜上，疲馬飛蓬間。凭軒一双淚，奉墜綠衣前。

姚文燮註：「湜時為陸渾尉，……七品綠衣，正尉服也」。葉慶炳先生糾之以為「七品綠衣，正尉服也，大謬。綠色既不是尉服，那麼此詩當非皇甫湜作陸渾尉時所作。又案舊唐書職官志，侍御史從六品下，正服綠衣㊶。」朱自清氏誤作「正八品下，不應綠衣㊷。」由此可斷定此詩作於皇甫湜為侍御史時，與史實也合。

由於文獻不足，元和六年以後之史實不明，無從深入考知兩人親密關係。但由皇甫湜對李賀大力之推挽，而李賀賦詩多首以贈看，友誼非比尋常，除了韓愈以外，數皇甫湜愛護最力，誠亦李賀之幸。

㈢張徹

張徹，清河人㊸，元和四年進士及第，戸部侍郎張弘靖知貢舉㊹。父休，嘗佐宣武軍㊺。九年初效潞幕，當時昭義軍節度使是郗士美兼領澤潞二州。後徹爲宣武從事，遷范陽府監察御史。長慶元年，牛僧儒奏徹爲眞御史，三月座主張弘靖爲盧龍節度使，乃辟徹爲判官，遷殿中侍御史，七月至幽州數日卽軍亂，囚張弘靖。張徹也被囚月餘，罵賊被殺而死，贈給事中。徹爲韓愈門下士也其從子婿，韓集今存祭張給事文及墓誌銘，並贈詩三首㊻。未見徹有詩文集，僅全唐詩㊼餘有與韓愈、張籍、孟郊三人之「會合聯句」㊽一首。

李賀有詩「酒罷張大徹索贈詩，時張初效潞幕」云：

長鬣張郎三十一，天遣裁詩花作骨。往還誰是龍頭人，公主遣秉魚鬚笏。太行
青草上白衫，匣中章奏密如蠶。金門石閣知卿有，豸角鷄香早晚含。隴西長吉
摧頹客，酒闌感覺中區窄。葛衣斷碎趙城秋，吟詩一夜東方白。

元和九年秋，李賀往潞州依張徹，時徹初效潞幕，依朱自清氏言「賀之來則又依徹以見於郗

（士美）者[49]。」觀前引詩意也有身世之感，寄人籬下之慨。又據賀「客游詩」云，「三年去鄉國」，迄元和十一年歸家卒依徹三年，難得李賀能住得下去，或許張徹待之不薄，朱自淸氏以爲張徹爲人有佳趣[50]也是原因吧。

四 李漢

李漢，字南紀，隴西成紀人。兩唐書有傳[51]，宗室淮陽王道明之後。父荆，陝州司馬。弟潘，大中初爲禮部侍郎（事詳後附錄）。少事韓愈，通古學，屬辭雄蔚，爲人剛，略類愈。愈愛重，以子妻之。元和七年登進士第，累辟使府，長慶末，遷左拾遺。坐言忤敬宗，出爲興元從事。文宗即位，召爲屯田員外郎、史館修撰。預修憲宗實錄，言宰相李吉甫事不假借，爲其子李德裕所憎。大和四年，轉兵部員外郎。李宗閔作相，擢知制誥，尋遷駕部郎中。六年，進御史中丞，七年改禮部侍郎，知貢擧[52]，門生有雍陶、趙璘。八年遷戶部侍郎，九年四月轉吏部侍郎[53]。七月十日坐李宗閔黨出爲汾州刺史，再改州司馬。數年後，徙絳州長史，武宗會昌年間，李德裕用事，淹恤在外多年，宣宗大中時，召拜宗正少卿，卒。詩文集未見，僅餘代編韓昌黎文集並序、僕射不當受中丞侍郎拜議二篇而已[54]。

賀詩有「出城別張又新酬李漢」，漢爲韓愈愛婿，李賀又從韓愈游，深交也有可能。漢弟潘，曾爲賀搜集軼詩（詳後附錄），想來交誼應非平常。

（附）李潘（非李藩侍郎）

唐張固幽閒鼓吹云：

李藩侍郎嘗綴李賀歌詩，為之集序未成。知賀有表兄與賀為筆硯之舊。召之見，託以搜訪所遺。其人敬謝。且請曰，某盡得其所為，亦見其多點竄者；請得所葺者視之，當為改正。李公喜，並付之。彌年絕跡。李公怒，復召詰之。其人曰，「某與賀中外，自小同處。恨其傲忽，嘗思報之。所得兼舊有者，一時投於溷中矣。」李公大怒，叱出之，嗟恨良久。故賀篇什流傳者少。

朱自淸氏以爲「審此文當是賀死後事。然舊書一四八藩傳，謂其死於本年（指元和六年），年五十八；則張固所敍亦妄言之耳。」蓋誤李潘爲李藩，案李藩元和四年拜相，六年卒，死於李賀之前，不可能爲賀代輯軼詩。今人岑仲勉氏唐人行第錄㊺考證最詳，可知年代在元和六年之後，作李藩者，都係李潘之誤。嚴耕望先生「唐僕尙丞郎表」標舉出處加以論列，足供參考（詳後）。不過近人羅繼祖「登科記考補」[56]言及貞元十四年有一李潘，字藻夫，趙郡贊皇人，八歲孝廉登第，當係另有其人，不可混爲一談。今依現有資料，稍作比次如下：

李潘，「其名，舊傳、冊府作潘，舊紀、會要、語林七及雲溪友議皆作藩，語林八又作潘。按新書七〇世系表亦作潘。據舊傳及世表，其人有三兄：漢、滻、洸，皆從水旁，則當以作『潘』爲正。元和時宰相李藩有盛名，作藩者蓋因此致譌耳[57]。」字子及[58]，隴西成紀人，父荆，李漢幺弟，登進士第[59]。文宗大和八年三月崔戎爲兗海觀察使[60]，表爲判官[61]。累遷司勳郎中、駕部郎中知制誥、再遷中書舍人[62]。宣宗大中十一年十月權知禮部貢擧[63]。十二年三月，以朝議郎守中書舍人知禮部貢擧，放榜。正拜禮部侍郎。四月，遷戶部侍郎。以後無考。

李賀與李潘之交誼無所考，但潘兄李漢既與賀有來往，諒不至於陌生，且在賀死後代輯佚詩，誠亦知心人，爲免李藩、李潘混淆，爰稍作說明以明其眞相。

(五) 陳商

陳商，字述聖，繁昌人[64]。兩唐書無傳。陳宣帝五世孫，散騎常侍彝之子[65]。元和九年進士及第[66]。韓愈有「答陳商書」[67]，言及陳商「語高而旨深，三四讀，尙不能通曉。」可見工於文章爲韓門弟子。會昌三年十一月，以諫議大夫權知禮部貢舉。四年冬復本官權知禮部貢舉，五年二月放榜。是年正拜禮部侍郎。續知六年春貢舉，放榜。六年九、十月出爲陝虢觀察使㊳。與撰敬宗實錄㊴，仕至秘書監，封許昌縣男，卒於宣宗時，贈工部尙書㊵，有集十七卷㊶。

李賀有詩「贈陳商」，詩句「風雪直齋壇，墨組貫銅綬，臣妾氣態間，唯欲承箕帚。」似可定賀奉禮任內之作，約在元和六、七年間，其時陳商尙未及第，剛以文章向韓愈請益㊷，詩中語「學爲堯舜文，時人責衰偶」，吳正子以韓文公「與陳商書」語高旨深之謂。詩中多次表白，可看出李賀的思想，只有知己才能如此坦率，吐露眞言，可見交誼之深。

㈥ 沈亞之

沈亞之㊸，字下賢，原籍吳興之武康，爲沈傳師族子。實生長於汧隴長安。生於德宗建中二年㊹。早年往來吳地，元和五年至長安，試於京兆，不售，多次應舉失敗，七年李賀詩一首送之。至元和十年始登進士第，授將仕郎守秘書省正字。是年五月，嘗爲涇原節度使李彙之記室。同年七月李彙卒，亞之東遊，流離會稽、歧隴、泗上、長楊、盩厔之間。長慶元年登賢良方正能直言極諫科㊺，迄三年才在櫟陽縣尉任所。次年爲福建等州團練副使。大和二年，李同捷叛，詔諫議大夫栢耆前往宣諭，表亞之爲判官，累進殿中丞御史內供奉（乃晁公武郡齋讀書志之言，係虛銜）。栢耆斬李同捷取爲己功，諸將疾之上表論列，貶栢耆循州司戶，亞之貶虔州南康尉。五年始量移郢州，可能卒於大和六年。有弟沈雲翔，號芳林十哲之一，懿宗咸通中交通中貴(76)。其一生栖皇覊旅，始於微官而終於謫臣，所作行卷多以干謁侯門，今存沈下賢文集十二卷（四部叢刊本）。集中傳奇三篇（湘中怨、異夢記、秦夢記）「皆以華艷之筆，敘恍忽之情，而好言仙鬼復死，尤與同時文人異趣。」爲唐代傳奇文中的白眉。

沈亞之與李賀之來往當在元和七年以前，賀詩「送沈亞之歌並序」云：

文人沈亞之，元和七年，以書不中第，返歸於吳江，吾悲其行，無錢酒以勞，又感沈之勤請，乃歌一解以勞之。

吳興才人怨春風，桃花滿陌千里紅。紫絲竹斷驄馬小，家住錢塘東復東。白藤交穿織書笈，短策齊裁如梵夾。雄光寶礦獻春卿，烟底驀波乘一葉。春卿拾才白日下，擲置黃金解龍馬。携笈歸江重入門，勞勞誰是憐君者。吾聞壯夫重心骨，古人三走無摧捽。請君待旦事長鞭，他日還轅及秋律。

詩中語多期勉，感情眞摯，日人原田憲雄教授考出李賀戀人是吳出身的沈氏[77]，如所考屬實，極可能與亞之有關係，或係其族人。亞之有「詩序送李膠秀才」云：

余故友李賀，善擇南北朝樂府故詞，其所賦不多，怨鬱悽艷之功，誠以蓋古排今，使為詞者，莫得偶矣。……賀名溢天下，年二十七，官卒奉常。由是後學爭踵賀，相與綴裁其字句，以媒取價。

極稱道李賀歌詩。亞之遊韓愈之門十餘年，所爲文「務爲險崛，在孫樵、劉蛻之間」[78]，可見受韓愈之影響。今亞之詩僅存十七首，「李賀許其工爲情語，有窈窕之思」[79]，其後杜牧、李商隱俱有擬沈下賢詩，顯係受李賀之影響，由前引詩語文句可知。

(七) 沈子明（沈述師）

沈子明究係何人？自古訛誤至今，茲先抄杜牧「李長吉歌詩序」云：

大和五年十月中，半夜時，舍外有疾呼傳緘書者。某曰：「必有異。」亟取火來，及發之，果集賢學士沈公子明書一通，曰：「吾亡友李賀，元和中義愛甚厚，日夕相與起居飲食。賀且死，嘗授我平生所著歌詩，離為四編，凡二百二十三首。數年來東西南北，良為已失去。今夕醉解，不復得寐，即閱理篋帙，忽得賀詩前所授我者。思理往事，凡與賀話言嬉遊，一處所，一物候，一日一夕，一觴一飯，顯顯焉無有忘棄者，不覺出涕。賀復無家室子弟得以給養卹問，常恨想其人，詠味其言止矣。子厚於我，與我為賀集序，盡道其所來由，亦少解我意。」……明日就公謝。⑳

文中明言這位集賢學士沈子明，代李賀保管詩歌四編，共二百二十三首，且係李賀死前親手交給他的，李商隱李賀小傳據以稱「沈子明家所餘四卷而已」。由上引文看，跟李賀這麼親近的沈子明究竟是誰？約有以下幾種說法：

甲、宋吳正子賀詩箋註云：沈駙馬疑杜牧序所謂沈子明者㉑。

乙、清姚文燮昌谷集註云：憲宗第四女宣城公主下嫁沈𥩵㉒。（參考新唐書卷八三）

丙、清陳本禮協律鉤元註云：沈駙馬即「諱子明，尚憲宗安樂公主㉓。」（考之新唐書卷八三無安樂公主名。）

以上三條都指向沈𥫃，娶憲宗女，即駙馬都尉，考其事蹟有二：通鑑唐紀文宗大和九年條：「李宗閔因駙馬都尉沈𥫃結女學士宋若憲得爲相。」又見「貶左金吾大將軍沈𥫃爲邵州刺史（舊唐書作柳州）。」據上所知大和九年沈𥫃還是駙馬都尉，並未任職集賢學士，不可能是沈子明甚明。

丁、近人姚克以爲沈子明就是沈亞之⑭，此誤最明顯，蓋沈亞之，字下賢，事蹟可考。

戊、近人朱君億以爲沈子明是沈傳師⑮。但新舊唐書本傳⑯，言及沈傳師字「子言」，非字「子明」，其誤明顯。

沈傳師既字子言，且本傳所歷官職未曾提及集賢學士，前誤甚明。傳師鎭宣城在大和四年，岑仲勉氏考其卒年爲大和九年⑰（新舊書言大和元年卒，顯誤。）當時杜牧爲其幕僚，沈傳師爲府主，杜牧在大和五年十月接到沈子明信，如這位沈子明是沈傳師，何以稱其爲集賢學士？理應稱某公。故個人以爲沈子明不是沈傳師，但極可能是其弟沈述師。

己、以沈子明是沈述師，理由約有下列幾點：

①元和姓纂言及沈既濟有子三人：傳師、宏師、述師。宏師進士不祿⑱。傳師鎭宣城，杜牧爲僚佐，據其集序「明日就公謝」語，可知其弟述師可能也在宣城，舊書本傳言其家「兄弟子姓…衣服飲食如一」可稱孝友，兄弟常走動，也人情之常。

②杜牧有「張好好詩並序」，其序云：

牧大和三年，佐故吏部沈公（即傳師）江西幕，好好年十三，始以善歌來樂籍中。後一歲，公移鎮宣城，復置好好於宣城籍中。後二歲（即大和六年），為沈著作述師以雙鬟納之。

此詩夾註言及「著作嘗任集賢校理」，即沈述師任職集賢院之證。並以其所納歌妓張好好一事，證以白居易詩「醉題沈子明壁」云：

不愛君池東十叢菊，不愛君池南萬竿竹。愛君簾下唱歌人，色似芙蓉聲似玉。我有陽關君未聞，若聞亦應愁殺君。[89]

由「愛君簾下唱歌人，色似芙蓉聲似玉」，可知此沈子明家有歌妓艷絕當世，與沈述師納歌妓張好好事合，此沈子明或即沈述師。又白居易也有詩「晚春欲携酒尋沈四著作先以六韻寄之」，岑仲勉氏考沈四著作，即述師之證⑨⓪。白居易與沈述師（即沈子明）常詩酒唱合，故難免「醉題沈子明壁」哩！

③李賀好友沈亞之，爲沈傳師族子，稱傳師爲八叔⑨①，則沈述師也其叔，宜有交往。

④依古人命名別號或「字」，都習慣引申稱述其名，傳師字「子言」，述師字當爲「子明」。

由以上所考，或許沈子明即沈述師。沈述師，字子明，蘇州德淸人⑨②。父旣濟以小說知名。兄傳師歷官顯宦。曾任集賢校理、學士以及著作郞。與賀之交往很深，杜牧集序述說最詳（詳前），餘無考。

(八) 王參元

王參元⑨③，濮州濮陽人，陳許節度使王茂元季弟⑨④，元和二年登進士第⑨⑤。據李商隱樊南文集馮浩註所考，柳宗元「與進士王參元失火書」作於元和十年以前，永州司馬時所作，故知「參元應擧久而不售」，案李商隱代岳父王茂元所作「代僕射濮陽公遺表」言及「與季弟參元俱以詞場就貢，久而不調」可證。亦一失意貴游子弟，書史會要工於翰墨類，列有王參元名，其餘無考。

李商隱「李賀小傳」首列王參元爲與李賀交游最密者，馮浩註李賀小傳云：「長吉姊嫁王氏者，疑卽參元所娶也。」鄭騫先生在李賀小傳小註(4)（見古今文選新二一一期），以爲「如所疑屬實，則李商隱跟李賀有親戚關係，李賀的姊姊是商隱夫人的嬸母。小傳中所敍事跡，乃是商隱聽他這位叔岳母說的。當然這只是猜想，無法證實。但李商隱的叔岳父王參元跟李賀是密友，則無問題。」

依商隱「李賀小傳」看，李賀佚事全係嫁王氏姊所說，且一再强調說明「王氏姊非能造作謂長吉者，實所見如此」，商隱能得諸詳情，唐代社會雖開放，男女交際仍很難，如與王氏姊沒有近親關係，恐怕無從得知，故縱不能說王氏姊嫁王參元，最少可說嫁與王參元族人。文獻不足，只有待之他日。

(九) 楊敬之

楊敬之，字茂孝，虢州弘農人。父凌，善文96，終侍御史。新書有傳97。元和二年擢進士第，平判入等，遷右衛胄曹參軍。累遷屯田、戶部二郎中。大和九年七月坐李宗閔黨，貶連州刺史。文宗尙儒術，以宰相鄭覃兼國子祭酒，俄以敬之代。未幾，兼太常少卿。是日，二子戎、戴登科，時號「楊家三喜」。轉大理卿，檢校工部尙書，兼祭酒，卒。今僅存詩二首四句，文「華山賦」一篇⑱。

李商隱「李賀小傳」言及所與游者，王參元、楊敬之等輩爲密。其生年當在貞元年間，與李賀年齡可能相當或稍大。元和五年，李賀以父名晋肅不合舉進士失意歸，賦「出城寄權璩楊敬之」，云：

草暖雲昏萬里春，宮花拂面送行人。
自言漢劍當飛去，何事還車載病身。

未見敬之有回贈詩，或許散佚之故，觀敬之事跡實應結集流傳才對，今僅存詩二首：客思吟、贈項斯。其贈項斯云：

幾度見詩詩總好，及觀標格過於詩。
平生不解藏人善，到處逢人說項斯。

難怪新唐書本傳言其「愛士類，得其文章，孜孜玩諷，人以爲癖。雖愛項斯爲詩，所至稱之，繇是擢上第。」可知敬之愛才，能推轂後輩，往往「大推挹，偏語公卿間」（新書本傳語）。與劉禹錫有來往，劉有「答楊八敬之絕句」詩。敬之詩除前列兩首外，尙存詩四句「霜樹烏栖夜，空街雀報明」、「碧山相倚暮，歸雁一行斜」，被張爲「詩人主客圖」推爲「清奇雅正」入室。所遺「華山賦」一篇，爲士林所稱。新書本傳云：

> 敬之嘗為華山賦示韓愈，愈稱之，士林一時傳布，李德裕尤咨賞。

今見韻文論述彙編[99]言及「弘農楊敬之撰華山賦，朱崖李太尉每置座右，行坐諷之。」可見敬之以詩文稱盛，難怪姚合也稱其「日日新詩出」[100]，很可惜今都不存，無法看出李賀與他之交誼，但依「李賀小傳」之言，兩人交誼應很親密蓋可斷言。

(十) 權璩

權璩，字大圭，天水略陽人。兩唐書有傳[101]，父德輿，德宗朝宰相。元和二年進士及第[102]。歷監察御史，有美稱。文宗大和八年，宰相李宗閔乃父門生，薦爲中書舍人。時李訓挾寵在翰林，璩連章劾訓陰巧傾覆，不宜出入禁中。及九年宗閔貶，璩屢表辨解，貶閬州刺史。後徙鄭州。

及李訓伏誅，時人稱其明大體，能世其家。詩文未見。

李商隱「李賀小傳」言及權璩與李賀相從甚密。賀元和五年以父名諱不試失意歸，有「出城寄權璩楊敬之」詩（詩見前）。時權璩父德輿當朝宰相，未見援引，諒係時諱之故。

(十一) 崔　植

崔植，字公脩，京兆長安人[103]。兩唐書有傳[104]。德宗朝宰相崔祐甫弟廬江令嬰甫子。以祐甫無出，崔植嗣，補弘文生。博通經史，尤精易象。累歷補闕，元和中，爲給事中，十三年抗疏論奏判度支皇甫鎛。尋除御史中丞。長慶初拜相，穆宗問貞觀開元之政，奏對明切。後以縱朱克融復失河朔，長慶二年二月罷相，守刑部尚書，三年旋授岳鄂觀察使。未幾，遷嶺南節度使。大和元年二月還拜戶部尚書，二年十月出爲華州刺史，鎮國軍使，三年正月卒，贈尚書左僕射，年五十八[105]。則推其生年當在大歷七年，與白居易、劉禹錫同庚。詩文未見。

李賀歌詩本集未見贈詩，僅李商隱「李賀小傳」言及，觀其生平，與李賀交游時，崔植已當要路，歷官補闕、給事中，何以未加援引？頗啓人疑竇，史料無徵，只有待考。

(十二) 張　又　新

張又新，字孔昭，深州陸澤人。兩唐書有傳⑯。工部侍郎張薦之子。幼工文，善於傅會。元和九年由禮部侍郎韋貫之下狀元及第⑰。十二年，初應博學宏辭第一⑱，又爲京兆解頭，時號「張三頭」，謂其進士狀頭、宏詞敕頭、京兆解頭⑲。應辟爲廣陵從事⑳，歷左右補闕。附宰相李逢吉，名列「八關十六子」之目。敬宗寶曆初，尋轉祠部員外郎。二年，逢吉罷爲山南東道節度使，表又新爲副使，坐田伾事，貶汀州刺史。文宗大和八年，李逢吉致仕，李訓有寵用事⑪，又新復見用，遷刑部郎中，爲申州刺史。九年甘露之變，李訓被殺，復坐貶，終左司郎中。現存詩十七首，見全唐詩卷四七九。又性喜嗜茶，恨在陸羽之後，著「煎茶水記」一卷行世⑫。文苑英華⑬留有「東林寺建碑記」一篇。

李賀有詩「出城別張又新酬李漢」一首，詩長不錄，由詩中句「吾將譟禮樂，聲調摩清新」看來，當係元和八年春官奉禮，以病辭官歸昌谷，知己敍別之作。

(三) 韋仁實

韋仁實，兩唐書無傳，僅見附於王播傳內（舊書一六四，新書一六七），言及補闕韋仁實，言播傾邪，生平不詳。

李賀有詩「送韋仁實兄弟入關」云：

送客飲別酒，千觴無赭顏。何物最傷心，馬首鳴金鐶。野色浩無主，秋明空曠間。坐來壯膽破，斷目不能看。行槐引西道，青梢長攢攢。韋郎好兄弟，疊疊生文翰。我在山上舍，一畝蒿磽田。夜雨叫租吏，春聲暗交關。誰解念劳劳，蒼突唯南山。

觀詩意似長吉家居昌谷所作，時在元和八年賀辭官歸里，韋氏兄弟叩門趨訪，賦詩爲別。

㈩四 戴叔倫？

戴叔倫有詩一首「冬日有懷李賀長吉」⑭云：

歲晚齋居寂，情人動我思。每因一樽酒，重和百篇詩。月冷猿啼慘，天高雁去遲，夜郎流落人，何日是歸期。

故近人朱君億先生以爲戴叔倫和李賀是忘年交⑮。但考之史，叔倫貞元五年六月卒，而李賀次年才出生，兩人如何交往？謹就新唐書卷一四三，唐才子傳、唐詩紀事以及全唐詩卷二七三等資料稍作比較，說明其誤。四篇資料繁簡不大，僅以全唐詩傳略云：

戴叔倫，字幼公，潤州金壇人。劉晏管塩鐵，表主運湖南。嗣曹王皋領湖南、江西，表佐幕府。皋討李希烈，留叔倫領府事，試守撫州刺史，俄卽眞。遷容管經略使，綏徠蠻落，威名流聞，德宗嘗賦中和節詩，遣使者寵賜，世以爲榮。集十卷，今編詩二卷。

沒有言明卒年，考權戴之集「朝散大夫容州刺史戴公墓誌銘」云：

貞元五年夏五月，經略使戴公至部之三月以疾受代，六月甲申次于清遠峽而薨。春秋五十八。

「唐方鎭年表」卷七據以證戴叔倫死於貞元五年六月。而「唐才子傳」言叔倫貞元十六年第進士，「登科記考」據以錄之，訛誤明顯。岑仲勉氏「登科記考訂補」云：

同卷貞元十六年進士，又據唐才子傳著錄戴叔倫，無論叔倫之死，在此一紀之前，事為絕不可能，卽單就舉進士論，叔倫亦似非由此進身也。⑯

由以上所考，李賀根本無法和戴叔倫有來往。但如我們相信日人原田憲雄教授的考證[117]：「在唐朝差不多同一時代有三個同名同姓的李長吉。」那麼戴叔倫或許與其中一位有來往吧。跟本論文的李賀沒有關係。觀之李益有二、李觀有四[118]，也有同名同姓之可能，姑列之以待後考。

【附　註】

①朱自清集頁九四三元和八年條，河洛出版社版。
②國粹學報第四十三期，史篇六。
③箋註評點李長吉歌詩卷一。
④昌谷集註卷三。
⑤新興書局「筆記小說大觀」六編第一册頁一六七。
⑥同註①頁九二八，元和二年條。
⑦太平廣記卷二〇二引摭言謂賀「年未弱冠，丁內艱」。田北湖氏以爲當是「外艱」之誤，今從之。
⑧同註①頁九二九，元和二年條。
⑨同註①頁九三〇，元和四年條。
⑩世界書局四部刊要唐摭言頁六三、七五。與朱譜註⑥⑥所引說庫本，詳略不同。
⑪唐康駢劇談錄，百部叢書學津討原本。
⑫葉慶炳先生「兩唐書李賀傳考辨」，唐詩散論頁一二一。
⑬韓昌黎文集校注頁三十四，河洛出版社版。

⑭同註①頁九三三，元和五年條。
⑮百部叢書學津討原本。
⑯樊南文集詳註卷八，中華書局四部備要本。
⑰同註⑫頁一二三。
⑱王鳴盛氏「十七史商榷」卷八十九，「李賀不就進士試爲協律郎」條。
⑲62年輔仁大學中研所碩士論文，頁一一二。
⑳羅聯添先生「韓愈研究」頁九十。
㉑吳達芸先生「韓愈生平及其詩之研究」頁十八，61年台大中研所碩士論文。
㉒引自舊唐書韓愈本傳。
㉓同註㉑。
㉔新唐書卷一七六附韓愈傳。
㉕引自朱自清氏李賀年譜註㊸。
㉖徐松登科記考卷十六，驚聲文物公司版。
㉗同註㉖卷十七。
㉘羅聯添先生「韓愈研究」頁一八五。本篇引用多處，特此致謝。
㉙見朱譜元和四年條及註㉘頁一八八。
㉚同註㉔。
㉛同註㉘，依羅先生所考。
㉜同註㉘頁一八六。

㉝昌谷別傳並注，國粹學報第四十三期。
㉞同註⑫頁一一七。
㉟同註㉘頁一八八。
㊱見朱譜註㊺。
㊲同註㉘頁一八八。
㊳見朱譜元和八年條。
㊴同註㊳。
㊵同註㊳。
㊶同註⑫頁二〇七，姚文燮昌谷詩註糾謬。
㊷同註㊳。
㊸依韓愈「故幽州節度判官贈給事中清河張君墓誌銘」引出，見韓昌黎文集卷七。
㊹登科記考卷十七。
㊺同註㊸，句中夾註。
㊻岑仲勉氏唐人行第錄十一劃。
㊼見全唐詩卷七九一。
㊽羅聯添先生「張籍年譜」（中），斷爲元和元年作。
㊾見朱譜元和元年條。
㊿同前註㊾，元和九年條。
51舊書卷一七一，新書卷七八。

(52)登科記考卷二十一，舊書本紀作「大和七年六月以御史中丞李漢爲禮部侍郎」依趙璘條改。（並見因話錄）。

(53)見嚴耕望先生唐僕尚丞郎表卷三。

(54)見全唐文卷七四四及韓昌黎文集「昌黎先生集序」。

(55)九思出版社「唐人行第錄」頁五四。岑氏以「全唐文七七五李商隱『上鄭州李舍人狀』稱其子爲十七郎，即褒之子」，顯有誤，舊書一七一李漢傳，父荆，陝州司馬。

(56)登科記考頁二〇五六，驚聲文物供應公司。

(57)同註(53)卷十六。

(58)見宗室世系表。

(59)引自舊書李漢傳，弟潘，登進士第。未知何年。

(60)見李商隱樊南文集卷一，「爲安平公謝除兗海觀察使表」。

(61)同註(60)卷二，「爲安平公兗州奏杜勝等四人充判官狀」。

(62)東觀奏記中，李藩（潘也）自司勳郎中遷駕部郎中知制誥。

(63)舊書本紀卷十八下。

(64)據「古今圖書集成」六二六册頁三九，江南通志「陳商，繁昌人，會昌中禮部侍郎，撰敬宗實錄。」

(65)箋註評點李長吉歌詩卷三，吳正子註。

(66)登科記考卷十八。

(67)韓昌黎文集卷三。

(68)嚴耕望先生「唐僕尚丞郎表」頁八八一。

(69)同註(64)。
(70)引自勞格趙鉞唐尚書省郎官石柱題名考十二。
(71)新書藝文志卷六十。
(72)同註(67)「贈陳商書」小註。
(73)本篇參考王夢鷗先生「沈亞之生平及其小說」，唐人小說研究二集頁九七。引用多處，特此致謝。
(74)據註(73)頁一〇三，今人張恭甫作「唐文人沈亞之生平」（文學二卷六期）所引。張恭甫，依羅聯添先生「唐代文學論著集目」頁九七，作張全恭，未審孰是。
(75)見登科記考卷十九。王夢鷗先生以爲榜上無名。
(76)唐摭言卷九，世界書局四部刊要本。
(77)引自杜國清「李賀研究的國際概況」，現代文學復刊二期。
(78)四庫全書提要卷一五〇語。
(79)沈下賢文集序，四部叢刊本。
(80)樊川文集卷十。
(81)箋註評點李長吉歌詩卷一「同沈駙馬賦得御溝水」註。
(82)姚文燮昌谷集註卷一。
(83)陳本禮「協律鈎元」卷一，頁四。
(84)姚克「李賀歌詩散論」，「詩學」第二輯，頁一七五。
(85)朱君億「李長吉歌詩源流擧隅」，東方雜誌五卷十一期。
(86)舊書卷一四九，新書卷一三二附沈既濟傳。

⑧⑦岑仲勉氏姓纂四校記，頁七四〇。
⑧⑧元和姓纂卷七，商務四庫全書珍本別集。
⑧⑨全唐詩卷四四四，白香山詩後集卷一。
⑨⓪唐人行第錄七畫，九思出版社版頁六三。
⑨①同前註⑨⓪頁六四。沈亞之「題海榴樹呈八叔大人」，此八叔岑考之，係傳師也。
⑨②唐人小說二集頁三七，枕中記及其作者。
⑨③新書李賀傳作恭元，誤。
⑨④樊南文集詳註卷一，代僕射濮陽公遺表。
⑨⑤柳河東集卷三三，「賀進士王參元失火書」註。
⑨⑥唐人行第錄十三劃「又楊八敬之」條，父作凝，顯係凌之誤。
⑨⑦新唐書卷一六〇。
⑨⑧華文書局「文苑英華」頁二一七。
⑨⑨陳夢雷編「韻文論述彙編」卷三十八，鼎文書局「歷代詩史長編」。
⑩⓪引目唐詩紀事頁八〇五。
⑩①新書卷一六五，舊書卷一四八。
⑩②登科記考卷十七。
⑩③新書卷一二九崔沔傳。
⑩④舊書卷一一九，新書卷一四一。
⑩⑤此依新書本傳。

⑯舊書卷一四九，新書卷一七五。並見唐才子傳卷六。
⑰登科記考卷十八，同榜有陳商。
⑱同註⑰。
⑲同註⑲卷六十四。
⑩唐才子傳卷六張又新條。
⑪資治通鑑卷二百四十五。
⑫同註⑩，煎茶水記今存藝文印書館百部叢書集成「百川學海」本。
⑬華文書局版文苑英華頁五一四三。
⑭全唐詩卷二七三。
⑮同註⑮。
⑯中研院史語所集刊第11本頁九二。
⑰同註⑰。
⑱唐人行第錄頁三七五。

第二章　李賀年譜新編

前　言

溯自杜牧「李長吉歌詩敍」、李商隱「李賀小傳」以及新舊唐書，李賀生平仍然簡略如謎。迄民國有田北湖氏「昌谷別傳並注」、王禮錫氏「李長吉評傳」以及周閬風「詩人李賀」三家之作，後來朱自清氏集合衆說，作「李賀年譜及補記」。雖係集大成之作，惜考據夾雜，參考不便，僅依劉孟伉「杜甫年譜」體例，分時事、生活、作品及備考四方面，綜合李賀之時代背景與其生平之生活、行蹤、交遊、創作並按年次編成，期求條擧目張。但賀詩抒情甚夥，作品之繫年頗不易爲，又生活行蹤多得諸傳聞，姑照朱氏李譜舊貫董理，限於能力及文獻不足，闕略脫誤在所難免，謹依近人考據所得增補，如採自鄭騫先生「李賀的生平及其詩」、葉慶炳先生「兩唐書李賀傳考辨」、羅聯添先生「韓愈研究」等大作加以編列如次：

西元七九〇年（唐德宗貞元六年，庚午）一歲。

【時事】春，旱。二月，百僚會宴於曲江亭。中書舍人陸贄權兵部侍郎。四月，詔常參官、畿縣令言事。九月，勅本置兩館學生皆選勳賢胄子，講藝紹習家風。（冊府元龜）是歲，吐蕃陷北庭都護府，節度使楊襲古奔西州。（新舊唐書、資治通鑑，下同）

【生活】賀生於是年。

杜牧李長吉歌詩敍作於文宗大和五年（八三一）十月；敍中謂「賀生二十七年死矣」，又謂「賀死後凡十五年，京兆杜牧爲其敍。」自大和五年（八三一）上溯十五年，爲憲宗元和十一年（八一六），賀死於是年。 再依中土計齒常例，上溯二十七年，爲德宗貞元六年（七九〇），賀當生於是年。

賀生年有三說：㈠、李商隱「李賀小傳」謂賀生二十四年，舊書採其說，太平廣記引宣室志亦然。㈡、王世貞「藝苑卮言」論文章九命，言及長吉二十六歲過世，不如何據，近人文學史著作也有採之者。㈢、係依前引杜牧李長吉歌詩敘所推算二十七歲者，而新書採之。證之李賀贄友沈亞之「序詩送李膠秀才」所言「年二十七，官卒奉常」一語，以及葉慶炳先生所考賀生庚午，係馬年，「難怪李賀賦大量馬詩，以馬自況也。」案之賀詩「馬詩二十三首」以及說到馬的詩句六十首，幾佔全集三分之一可證。

【備考】是年，韓愈二十三歲（大歷三年，西元七六八年生），後爲賀作諱辨。（羅聯添先生「韓愈研究」，下同）皇甫湜十四歲，後於賀亦頗加推引。（同上）柳宗元十八歲（大歷八年，西元七七三年生）。（韓柳年譜，下同）白居易、劉禹錫並同年十九歲（大曆七年，西元七七二年生）。（羅聯添先生「白香山年譜考辨」、「劉夢得年譜」，下同）元稹十二歲（大曆十四年，西元七七九年生）。（薛鳳生先生「元微之年譜」，下同）崔立之登博學宏詞科。（登科記考，下同）

西元七九一年（唐德宗貞元七年，辛未）二歲。

【時事】正月，黑衣大食遣使入貢。二月，涇原節度使劉昌復築平涼城，又築朝谷堡，邊患稍弭。四月，安南首領杜英翰反，攻都護府。七月，以虔州刺史趙昌爲安南都護。八月，吐蕃攻靈武，爲回鶻所敗。九月，回鶻殺楊襲古，遣使獻俘。十一月，福建觀察使吳湊爲治有聲，爲宰相竇參所誣告，召至京師察驗，改派陝虢觀察使。

【備考】劉禹錫二十歲應進士舉中試，名聲大噪。同榜有令狐楚、蕭俛、皇甫鎛。

西元七九二年（唐德宗貞元八年，壬申）三歲。

【時事】三月，宣武節度使劉玄佐卒，其子士寧自稱留後。四月，吐蕃寇靈州。貶竇參爲郴州別駕。陸贄拜相。五月，平盧節度使李納卒，其子師古自稱留後。六月，吐蕃寇連雲堡，大將王進用死之。七月，以裴延齡判度支。八月，天下水災，河南、河北等四十餘州大水。九月韋皐攻吐蕃之維州，敗之，獲番將論莽熱。十一月，山南西道節度使嚴震破吐蕃於黑水堡。十二月，宦官栢良器爲右領軍，自是宦官始專軍政。

【備考】韓愈二十八歲登進士第，同榜有崔群、李絳、王涯、歐陽詹、馮宿、庾承宣、李觀、陳羽等，合稱龍虎榜。孟郊應進士試不第。

西元七九三年（唐德宗貞元九年，癸酉）四歲。

【時事】正月，從塩鐵使張滂之請，初稅茶。二月，以張昇雲爲義武節度使，賜名茂昭。復築塩州城，詔涇原、山南、劍南發兵入吐蕃，分其勢，由是靈、夏、河西獲安。五月，董晋罷知政事，趙憬拜相。雲南王異牟尋遣使歸附。七月，宰相相讓不言，詔迭秉筆以處政事。判度支裴延齡別置四庫。十二月，宣武軍將李萬榮逐其節度使劉士寧，自稱留後，以通王諶爲節度使。

【生活】李賀父晋肅官陝縣令。

【備考】柳宗元二十一歲、劉禹錫二十二歲同榜登第進士，元稹十五歲兩經擢第。韓愈應博學宏詞、孟郊再應進士第，皆不第。

西元七九四年（唐德宗貞元十年，甲戌）五歲。

【時事】正月，南詔異牟尋大破吐蕃於神川（金沙江），降其衆十餘萬獻捷，吐蕃從此勢衰。二月，瀛州刺史劉澭爲兄濟所逼，遷秦州刺史。陸贄上書極言裴延齡罪惡，又進言均節財賦，不聽。六月，韋皋敗吐蕃，克峨和城。七月，西原蠻叛。八月，西原蠻酋黃少卿陷欽、橫、潯、貴四州。十二月，宰相陸贄爲裴延齡所譖，罷爲太子賓客。

【備考】白居易丁父憂在襄陽。李逢吉、王播登進士第。

西元七九五年（唐德宗貞元十一年，乙亥）六歲。

【時事】二月，冊勃海大欽茂之子嵩鄰爲勃海郡王。三月，諸州準例薦隱居不求聞達蔡廣成等九八，各授試官，量才敍用。四月，貶陸贄爲忠州別駕。七月，以陽城爲國子司業。九月，橫海兵馬使程懷信逐其兄節度使懷直，自稱留後。南詔攻吐蕃昆明城，取之，又虜施順二蠻王。

【備考】韓愈二十八歲復應博學宏詞科、孟郊年已四十五，後應進士試，又皆不第。劉禹錫登博學宏詞科，授太子校書官。

西元七九六年（唐德宗貞元十二年，丙子）七歲。

【時事】正月，諸節鎭悉加檢校官。二月，吐蕃寇巂州，刺史曹高仕敗之。四月，魏博節度使田緒卒，其子季安自稱留後。六月，以宦官竇文場、霍仙鳴爲護軍中尉。宣武軍節度使李萬榮卒，董晉兼代。八月，以陸長源爲宣武行軍司馬佐董晉。九月，吐蕃寇慶州。

【生活】新書本傳云：（賀）七歲能辭章。韓愈皇甫湜始聞未信。過其家，使賀賦詩，援筆輒就，如素搆，自目曰高軒過。二人大驚自是有名。

太平廣記二〇二引摭言說法亦大致相同。但「高軒過」詩題云：「韓員外愈皇甫侍御見過，因而命作。」按是年愈未爲員外郎，湜亦尚未及第；且詩有秋蓬、死草、垂翅等語，不類七歲童子口語，爰附此。或許可看出李賀少年穎悟不凡。

【備考】韓愈二十九歲，宣武節度使董晉辟爲汴州觀察推官。孟郊四十六歲進士及第。柳宗元二十四歲，登博學宏詞科。

西元七九七年（唐德宗貞元十三年，丁丑）八歲。

【時事】正月，吐蕃贊普遣使修好，不許。四月，韋臯收復巂州。六月，吐蕃寇巂州，刺史曹高仕破之於臺登城下。十月，淮西節度使吳少誠擅開刁溝。十二月，以宦者爲宮市使。

【備考】韓愈仍在汴州推官任上。孟郊往依宣武行軍司馬陸長源。

西元七九八年（唐德宗貞元十四年，戊寅）九歲。

【時事】七月，宰相趙宗儒罷，鄭餘慶同平章事。九月，貶陽城爲道州刺史。十月，夏州節度使韓全義破吐蕃於塩州。

【備考】韓愈仍在汴州任上，柳宗元是年二十六歲，授集賢殿正字。劉禹錫丁外艱。李翶、王起登進士第。

西元七九九年（唐德宗貞元十五年，己卯）十歲。

【時事】二月，宣武軍節度使董晉卒，軍亂殺行軍司馬陸長源。三月，彰義軍節度使吳少誠反，陷唐州。四月，以伊愼爲安黃等州節度使。八月，以上官涗爲陳許節度使。以韓弘爲宣武節度使。吳少誠掠臨潁，圍許州，詔削奪吳少誠官爵，令諸道進兵討之。十一月，于頔、上官涗及伊愼連敗吳少誠。十二月，壽州刺史王宗又敗吳少誠。

【備考】韓愈往徐州依張建封，爲節度推官，冬，入京朝正。白居易二十八歲，自宣城鄉貢入京西元八〇〇年（唐德宗貞元十六年，庚辰）十一歲。

【時事】正月，易定等四軍與吳少誠戰，皆敗。二月，爲統一事權，以韓全義爲蔡州行營招討處置使，上官涚副之。五月，韓全義與吳少誠戰於溵水南，也敗。徐泗濠節度使張建封卒，子愔自稱知軍事，詔杜佑兼領徐泗，受命征討。七月，伊慎戰吳少誠于中州，敗之。韋皋克吐蕃末恭城。韓全義戰吳少誠于五樓，又敗。八月，韋皋克吐蕃顯城。九月，貶鄭餘慶爲郴州司馬，以齊抗同平章事。十月，赦吳少誠，復其官爵。

【備考】杜佑兼領徐泗受命征討張愔，劉夢得二十九歲，被召爲記室參軍，後改楊州掌書記。韓愈三十三歲，往來徐州、洛陽、長安之間。孟郊五十歲，在洛陽應銓選爲溧陽尉。白居易二十九歲，登進士第。

西元八〇一年（唐德宗貞元十七年，辛巳）十二歲。

【時事】二月，韋皋戰吐蕃于鹿危山，敗之。五月，邠寧節度使楊朝晟卒，軍亂，殺其刺史劉南金。六月，以邠寧兵馬使高固爲邠寧節度使。成德軍節度使王武俊卒。七月，以武後子士眞爲成德軍節度使。吐蕃陷麟州，殺郭子儀之孫郭鋒。九月，韋皋敗吐蕃于雅州，克木波城。十月，加韋皋檢校司徒、中書令，封南康郡王。淮南節度使杜佑進通典，凡九門，共二百卷。

【備考】韓愈三十四歲，在京參調，無所成而歸。劉夢得三十歲，守楊州記室參軍。柳子厚二十九歲，調藍田尉。孟郊五十一歲，以不治官事，調代溧陽假尉。

西元八〇二年（唐德宗貞元十八年，壬午）十三歲。

【時事】正月，在南詔西南的驃國，派人朝貢獻樂。吐蕃大相論莽熱被韋皋執獻京師，三月，浙東觀察使裴肅以進奉得進，判官齊總刻剝求媚得授衢州刺史，給事中許孟容封還制書。以李康爲劍南東川節度使。五月，以竇群爲左拾遺。六月，顧少連爲兵部尙書。八月，嶺南節度掌書記張正元爲御史中丞，給事中許孟容以爲非次遷授，封還制書。九月，以太常少卿楊憑爲湖南觀察使。十月，鄜坊節度使王栖曜薨，以同州刺史劉公濟替之。

【備考】韓愈三十五歲，調授國子監四門博士。劉夢得三十一歲，調補京兆渭南主簿。

西元八〇三年（唐德宗貞元十九年，癸未）十四歲。

【時事】三月，以杜佑同平章事。王鍔繼爲淮南節度使。以司農卿李實兼京兆尹，實爲政暴戾，上信愛之，士大夫畏之側目。五月，吐蕃遣使論頰熱入貢。六月，以左神策中尉副使孫榮義爲中尉，與楊志廉弄權，依附日衆，宦官勢力益盛。七月，平章事齊抗病罷太子賓客。翰林待詔王伾善書，王叔文善棋，出入東宮，娛侍太子而得幸，互相依附，時有柳宗元、劉禹錫爲監察御史，黨之。十一月，宰相崔損卒。十二月，以太常卿高郢、吏部侍郎鄭珣瑜同平章事。監察御史崔薳受人誣陷，杖流崖州。時韓愈爲監察御史，上疏爲民請命，被貶陽山令。

（另有一說係柳劉洩語爲叔文黨所排斥）

【備考】劉夢得三十二歲，柳宗元三十一歲，拜監察御史。韓愈三十六歲，自四門博士遷監察御史，十二月貶陽山令。元稹二十五歲，白樂天三十二歲，同授校書郎。杜牧是年生，後爲賀作「李賀歌詩敍」。

西元八〇四年（唐德宗貞元二十年，甲申）十五歲。

【時事】正月，天德軍防禦團練使李景略卒，以其判官任廸簡代之。三月，吐蕃贊普卒。四月，太子賓客齊抗卒。吐蕃遣使論乞冉來朝。五月，以秘書監張薦爲工部侍郎、充入吐蕃弔祭使。八月，昭義節度使李長榮卒，兵馬使盧從史設法繼之。九月，太子得風疾，口不能言。十一月，以監察御史李程、秘書正字張聿、藍田縣尉王涯並爲翰林學士。十二月，吐蕃、南詔、日本並遣使朝貢。

【生活】賀以樂府歌詩知名於時。

新書二〇三李益傳云「益故宰相揆族子，於詩尤所長。貞元末，名與宗人賀相埒。每一篇成，樂工爭以賂求取之，被聲歌，供奉天子。」兩唐書賀傳亦謂其長於歌篇；樂府數十篇，雲韶樂工皆合之絃管可證。

【備考】韓愈三十七歲，陽山令任所。白樂天三十三歲，任校書郎，移家秦中，卜居渭上。劉夢得、柳宗元任監察御史。是年停貢舉。

西元八〇五年（唐德宗貞元二十一年。八月，順宗永貞元年，乙酉）十六歲。

【時事】正月，德宗帝崩（年六十四歲），太子誦即位，是爲順宗，改元永貞。二月，以韋執誼同平章事。京兆尹李實殘暴掊斂，貶通州長史。以王伾爲左散騎常侍，王叔文爲翰林學士。大赦天下。罷宮市、五坊小兒等爲人患者。三月，出宮女、掖庭教坊女樂共九百人。以杜佑爲度支塩鐵使，王叔文副之。以武元衡爲左庶子。立廣陵王純爲皇太子。五月，以范希朝爲西行營節度使，以韓泰爲行軍司馬，欲奪取宦官兵權以自固。六月，羊士諤公言王叔文非，被貶寧化尉。韋皋表請太子監國。王叔文以母喪去位。七月，以杜黃裳、袁滋同平章事，鄭珣瑜、高郢罷。八月，順宗傳位太子，自號太上皇，貶王伾爲開州司馬，叔文爲渝州司戶。太子純即位，是爲憲宗。罷裴延齡所置別庫。以鄭餘慶同平章事。貶韓泰、韓曄、柳宗元、、劉禹錫爲諸州刺史。十一月，貶韋執誼爲崖州司戶。袁滋辱命貶吉州刺史。復武元衡御史中丞。再貶柳宗元爲永州司馬，劉禹錫爲朗州司馬。十二月，以劉闢爲西川節度副使，韋丹爲東川節度使。以鄭絪同平章事。

【備考】韓愈三十八歲，在郴州受命爲江陵法曹參軍。柳宗元、劉夢得皆坐王韋黨貶永州、郎州司馬。白樂天、元稹俱在長安任校書郎。是年沈傳師、李宗閔、牛僧孺、楊嗣復、陳鴻同登進士第。

西元八〇六年（唐憲宗元和元年，丙戌）十七歲。

【時事】正月，太上皇崩。西川節度使劉闢叛，採宰相杜黃裳議，以高崇文爲帥，不置監軍。三月，夏綏留後楊惠琳亂，詔河東、天德兩軍討之。四月，以高崇文爲東川節度副使。策試制舉之士，於是元稹、獨孤郁、白居易、蕭俛、沈傳師出。以李巽代杜佑爲塩鐵使，杜佑爲司徒。以元稹、獨孤郁、蕭俛爲拾遺。五月，鄭餘慶罷相。高崇文破劉闢於德陽、漢川。夏浙東大疫，死者大半。九月，平劉闢蜀平。詔徵少室山人李渤爲左拾遺。十月，以高崇文爲西川節度使，嚴礪爲東川節度使，柳晟爲山南西道節度使。十一月，以內常侍吐突承璀爲左神策中尉，爲喪師亂國張本。

【生活】賀時鬢已斑白。

賀詩「春歸昌谷」云「終軍未乘傳，顏子鬢先老。」漢書六十四終軍傳，言軍年十八拜給事中使行郡國，「乘傳」指此，既未乘傳，賀髮當白於十八歲以前。

本年至次年六月前，賀曾往昭關（今安徽和縣）依十四兄，故得飽領江南風色，踪跡皆在吳楚會稽之間。

此說有正反兩種意見，鄭騫先生「李賀的生平及其詩」認為「論據貧弱，不足信。」朱自清氏和黃師永武則主到過江南，但未正確指出何時，個人私意以為或可暫繫於此，說法如下：

⑴黃師永武「從科際整合看詩的欣賞」談到李賀「雖體弱家貧，仍須順應當時以遊跡來豐富閱歷的社會風氣，所以他也像李白杜甫一樣，到過吳楚會稽。」又「透視李賀詩中的鬼神世界」也言及「李賀年二十以後的遊歷出處，大致可考出，至於遊跡及於吳楚會稽，似在二十以前。」

⑵朱自清氏「李賀年譜」元和九年條，分析頗為詳盡，茲條舉如下：

①賀詩「潞州張大宅病酒逢江使寄上十四兄詩」云，「秋至昭關後，當知趙國寒」，昭

關在今安徽和縣，古屬楚，蓋十四兄所在。詩云，「覺騎燕地馬，夢載楚溪船」，猶是昔年欲「南適楚」之旨。

②詩末云，「椒桂傾長席，鱸魴斫玳筵；豈能忘舊路，江島滯佳年」，謂少時嘗滯留江島，至今難忘舊路耳。

③集中詠南中風土者頗多，其中固有樂府舊題者，然讀其詩，若非曾經身歷，當不能如彼之親切眷念。如追和柳惲等十七首（詩見「作品」），蹤跡皆在吳楚之間。意賀入京之先，嘗往依其十四兄。

④其七夕詩末云，「錢塘蘇小小，更值一年秋」，註家多不明其何以忽及蘇小小，頗疑其不倫；明此當可釋然。

(3)前二說大致可明李賀在二十歲以前到過江南，個人繫定此年，主要以李賀次年（元和二年）丁外艱，當年無法應試，在家守喪三年期間不可能去遊歷，迄元和五年應試，年紀已二十一，與前說不合，故定本年較妥，況其父尚健在，不用李賀負擔家計，較有餘裕。也可能受到其父早年漂泊各地作幕的影響，李晉肅的鼓勵，當時交通由洛陽到揚州水路約需一個月（參考章群先生「唐代交通」，浸會學院學報四卷一期，係依元和三年李翶由洛陽到廣州行程推算的），仍算便捷。元和八年，李賀送弟之廬山謀食，雖是不得已，也可證李家有出外餬口遊歷的傳統，與黃師之說暗合。

【作品】綠章封事、追和柳惲、大堤曲、蜀國絃、蘇小小墓、湘妃、黃頭郎、湖中曲、羅浮山人與葛篇、畫甬東城、釣魚詩、安樂宮、石城曉、巫山高、江南弄、貝宮夫人、江樓曲、莫愁曲。

【備考】韓愈三十九歲，後召爲國子博士。白居易應制擧，授盩厔尉。元稹制擧第一，拜左拾遺，言事招忌，出爲河南尉，旋丁母憂。同年皇甫湜三十歲，第進士。同登進士第者有賀好友張徹之弟張復。

西元八〇七年（唐憲宗元和二年，丁亥）十八歲。

【時事】正月，司徒杜佑請致仕。杜黃裳罷爲河中節度使，以武元衡、李吉甫並同平章事。李吉甫求賢於裴垍，筆疏三十餘人。四月，以范希朝爲朔方靈塩節度使，改革舊弊。九月，浙西節度使李錡以夏蜀既平不安而反，討斬之。十月，以武元衡爲西川節度使。十一月，盩厔尉白居易作樂府及詩百餘篇，規諷時事，流聞禁中，召爲翰林學士。十二月，以高崇文爲邠寧節度使。李吉甫上元和國計簿。

【生活】六月至東都，袖詩謁韓愈。

唐張固幽閒鼓吹云「賀以歌詩謁韓吏部，吏部時爲國子博士分司」以證。

與韓愈門下士及貴游子弟結交當在此時。是年丁外艱。

田北湖氏「昌谷別傳並註」以爲賀居喪不試。

【作品】雁門太守行。

【備考】韓愈四十歲，知國子博士分司東都。白居易授翰林學士，其弟行簡及李賀好友楊敬之、王參元、權璩同登進士第。

西元八〇八年（唐憲宗元和三年，戊子）十九歲。

【時事】四月，策試賢良方正直言極諫舉人，制舉牛僧儒、李宗閔、皇甫湜等指陳時政之失，宰相李吉甫泣訴於上，考官韋貫之貶巴州刺史，翰林學士王涯以甥皇甫湜故，貶虢州司馬。左拾遺白居易上疏論不平。五月，西原蠻酋長黃少卿請降。九月，以裴垍不私故人，同平章事，李吉甫罷爲淮南節度使。十二月，南詔異牟尋卒，立其子爲南詔王。

【生活】居喪在家。

【作品】黃洞蠻詩。

【備考】韓愈四十一歲，眞除博士分司東都。皇甫湜三十二歲，制舉登第三等。

西元八〇九年（唐憲宗元和四年，己丑）二十歲。

【時事】正月，渤海康王嵩璘卒，子元瑜立，改元永德。二月，宰相鄭絪罷，以李藩同平章事。三月，成德軍節度使王士眞卒，其子承宗自稱留後。四月，魏徵玄孫稠貧甚，以故第質於人，詔贖故第賜其家。立鄧王寧爲皇太子。六月，毀宦官所立安國寺碑樓。七月，貶京兆尹楊憑爲臨賀尉，許孟容繼之。八月，環王寇安南，都護張舟敗之。十月，成德軍節度使王承宗反，執保信軍節度使薛昌朝。以吐突承璀爲招討宣慰使，討撫之。十一月，彰義軍節度使吳少誠卒，其弟少陽自稱留後。

【生活】到東都定居，韓愈皇甫湜相過，賀為作高軒過詩。

【作品】高軒過。

【備考】韓愈四十二歲，六月改都官員外郎守東都。李賀好友亦韓愈婿張徹，是年登進士第。

西元八一〇年（唐憲宗元和五年，庚寅）二十一歲。

【時事】二月，東台御史元稹擅令河南尹房式停務，召還西京，至敷水驛，與內侍劉士艮爭廳，受辱傷其面，仍貶江陵士曹。四月，河東節度使范希朝、義武軍節度使張茂昭及王承宗戰于木力溝，敗之。五月，吐蕃使朝貢，歸路泌等柩。七月，制雪王承宗復其官爵。加劉濟中書令，後被其子總鴆死。八月，宰相李藩戒上學仙。九月，以權德輿同平章事。十二月，李絳數陳吐突承璀專橫，以絳爲中書舍人。上踰月不見學士，李絳上言，上遽召對。

【生活】應河南府試，作十二月樂詞獲選。冬，舉進士入京。或毀賀曰：「父名晉肅，子不得舉進士。」韓愈爲作諱辨，然賀卒不就試，歸。是年冬，自京歸里。

【作品】十二月樂詞、出城詩、夢天、開愁歌、公無出門、致酒行、感諷四首、浩歌。

【備考】韓愈四十三歲，拜河南令。元稹三十二歲，自監察御史貶江陵士曹。白居易以母老除京兆戶曹參軍。劉夢得三十九歲在朗州，樂天寄詩百篇，兩人文字定交當自此始。

西元八一一年（唐憲宗元和六年，辛卯）二十二歲。

【時事】正月，以彰義軍留後吳少陽爲節度使。復以李吉甫同平章事。二月，李藩罷爲太子詹事。以李絳正直供奉翰林爲宦官所惡，改戶部侍郎。四月，李吉甫厭惡裴垍，改太子賓客。以盧坦判度支。五月，以李惟簡爲鳳翔節度使。九月，職方員外郎韓愈議梁悅報父仇，宜尚書省奏聞，酌以處分。十一月，知內侍省事吐突承璀坐賂貶淮南監軍。以李絳同平章事。十二月，皇太子寧薨。

【生活】賀以恩蔭為奉禮郎。四月，居長安崇義里，與朔客李氏對舍。

【作品】感春、始爲奉禮憶昌谷山居、申胡子觱篥歌、艾如張、貴公子夜闌曲、贈陳商。

【備考】韓愈四十四歲，遷職方員外郎。白樂天四十歲，以母卒退居渭上。賈島三十三歲，自長安赴洛陽，始謁韓愈，初識孟郊，有詩唱合。（李嘉言氏賈島年譜）

西元八一二年（唐憲宗元和七年，壬辰）二十三歲。

【時事】正月，以京兆尹元義方媚吐突承璀，李絳惡其爲人，出爲鄜坊節度使。四月，以翰林學士崔群爲中書舍人，上命學士奏章，必取崔群連署，然後上，群固辭。六月，杜佑以太保致仕。七月，立遂王宥爲太子，更名恆。崔群不爲澧王寬作讓表。八月，魏博節度使田季安薨。以左龍武大將軍薛平爲鄭滑節度使，欲加控制。十月，魏博兵馬使田興請吏奉貢，詔爲節度使。十一月，太保致仕杜佑卒。給事中李逢吉充皇太子諸王侍讀。十二月，以鄭餘慶爲太子少傅。

【生活】仍在長安任奉禮郎，是年賀好友沈亞之下第，歸吳江，賀作詩送之。

【作品】送沈亞之歌、苦晝短。以下各首，可知在京師三年作，但無法定爲何年，姑置於此：李憑箜篌引、同沈駙馬賦得御溝水、春坊正字劍子歌、老夫採玉歌、傷心行、宮娃歌、送秦光祿北征、酬答、嘲謝秀才、難忘曲、夜飲朝眠曲、崇義里滯雨、奉和二兄罷使遣馬歸延州答贈、花遊曲、牡丹種曲、秦宮詩、楊生青花紫石硯歌、章和二年中、五粒小松歌、呂將軍歌、京城、官街鼓、許公子鄭姬歌、沙路曲、題歸夢、崑崙使者、聽穎師彈琴歌。

【備考】韓愈四十五歲，以妄論柳澗事，轉國子博士。柳子厚、劉夢得仍在貶所永州、朗州。李商隱是年生。（張爾田「玉谿生年譜會箋」）李賀好友韓愈婿李漢登進士第。

西元八一三年（唐憲宗元和八年，癸巳）二十四歲。

【時事】正月，冊大言義爲渤海國王。權德輿罷知政事。二月，賜魏博節度使田興改名弘正。宰相李吉甫進所撰元和郡國圖三十卷。宰相于頔男太常丞敏專殺梁正言奴，貶爲恩王傅。三月，復武元衡入知政事。四月，黔中經略使崔能討張伯靖。五月，荊南節度使嚴綬討張伯靖。六月，京師大水，出宮人。七月，劍南東川節度使潘孟陽討張伯靖。八月，湖南觀察使柳公綽討張伯靖，後請降，貶歸州司馬。九月，于頔改太子賓客。十月，回紇患境。十二月，振武軍亂，牙將楊遵憲反，逐其帥李進賢，以夏綏節度使張煦代之。

【生活】春，以病辭官歸昌谷。歸途所歷，皆著為詩。家居撰著讀誦，有燕婉之樂；送弟之廬山謀食。冬十月，復入京，與皇甫湜別。

【作品】春歸昌谷、出城別張又新酬李漢、出城寄權璩、楊敬之、經沙苑、過華清宮、新夏歌、銅駝悲、三月過行宮、蘭香神女廟、金銅仙人辭漢歌、示弟詩、詠懷、勉愛行送小季之廬山二首、昌谷詩、南園、昌谷北園新筍四首、昌谷讀書示巴童、巴童答、送韋仁實兄弟入關、秋來詩、秋涼詩寄正字十二兄、還自會稽歌、南山田中行、自昌谷到洛後門、官不來題皇甫湜先輩廳、仁和里雜敍詩、洛陽城外別皇甫湜。

【備考】韓愈四十六歲，改比部郎中修撰。

西元八一四年（唐憲宗元和九年，甲午）二十五歲。

【時事】正月，張煦入振武治單于都護府，誅亂者蘇國珍等。二月，李絳以足疾罷爲禮部尙書。召還吐突承璀爲左神策中尉。三月，巂州地震。五月，以旱免京畿夏稅。九月，淮西節度使吳少陽卒，其子元濟自稱知軍事。十月，宰相李吉甫卒。以刑部員外郎令狐楚知制誥。以山南東道節度使嚴綬等討吳元濟。呂元膺爲東都留守。十一月，以裴度爲御史中丞，令狐楚爲翰林學士。十二月，韋貫之同平章事。

【生活】自京師歸，秋至潞州（今山西長治縣）依張徹，時徹初效潞幕。

【作品】將發詩、七月一日入太行山、河陽歌、曉入太行、長平箭頭歌、高平縣東私路、貴主征行樂、酒罷張大徹索贈詩時張初效潞幕、潞州張大宅病酒逢江使寄上十四兄。

【備考】韓愈四十七歲，十月爲考功郎中、兼史館修撰、知制誥。白樂天四十三歲，授太子左贊善大夫。元稹三十六歲，守江陵法曹參軍。孟郊六十四歲，八月暴卒於河南之閿鄉。李賀好友張又新、陳商登進士第。

西元八一五年（唐憲宗元和十年，乙未）二十六歲。

【時事】正月，加宣武軍節度使韓弘守司徒，倚其勢以制吳元濟。制削吳元濟官爵。二月，嚴綬爲吳元濟所敗。三月，以柳宗元爲柳州刺史，劉禹錫爲播州刺史，御史中丞裴度以禹錫母老，請移近處，改授連州刺史。忠武軍節度使李光顏破吳元濟於南頓等地。六月，成德節度使王承宗遣盜夜伏靖安坊，刺死宰相武元衡並刺傷裴度。度倖免於難，拜同平章事。七月，以王承宗有罪，絕其朝貢。八月，查出刺殺武元衡乃淄青節度使李師道所遣，師道陰與嵩山僧圓淨謀反，東都留守呂元膺擒斬圓淨。九月，韓弘充淮西行營兵馬都統。十一月，李光顏敗吳元濟于小溵河，李文通又敗之于固始。十二月，李愿敗李師道。王承宗縱兵四掠幽、滄、定三鎮。

【生活】在潞州。

【作品】王濬墓下作。

【備考】韓退之四十八歲，守考功郎中知制誥，兼史館修撰。白樂天四十四歲，盜殺宰相武元衡，先台諫上疏，貶江州司馬。元稹三十七歲，量移通州司馬。賀好友沈亞之登進士第。

西元八一六年（唐憲宗元和十一年，丙申）二十七歲。

【時事】正月，翰林學士錢徽之、蕭俛上疏請罷兵被黜。二月，以李逢吉同平章事，以李絳爲兵部尚書。四月，李光顏又敗吳元濟；劉總也敗王承宗於深州。唐鄧節度使高霞寓大敗於鐵城。皇甫鎛聚斂得幸，任判度支，伏憲宗淫逸之因。八月，韋貫之請罷兵黜爲吏部侍郎。昭義軍節度使郗士美敗王承宗于柏鄉。十月，李光顏又敗吳元濟。十一月，黃洞蠻爲寇，邕管卻之，復賓、巒等州。

【生活】自潞州歸，卒。

【作品】客游詩。

【備考】韓愈四十九歲，春遷中書舍人，夏改太子右庶子。白樂天四十五歲，守江州司馬。元稹三十八歲，守通州司馬。姚合、柳宗元子柳告、韓愈孫韓綰等進士及第。

第三章　李賀的文學觀念、背景

第一節　中唐文學環境

中唐應指代宗大曆元年至文宗大和九年這一段時期①。杜甫死於大曆初年，對中唐當時幾個大詩人有很大的影響。中唐的大詩人應推元白韓柳，近人謝佐禹氏「中唐詩人派別」分爲三派②：韋應物、柳宗元等追蹤王、孟，謳歌自然，可說是中唐的寫景派。張籍、元稹、白居易則步武杜甫，號稱寫實派。另有韓愈、孟郊主張奇僻的寫意一派，也受到大詩人杜甫的影響。三派鼎立，其實是元、白主盟元和詩壇③，當然韓愈一派也有很大勢力。

致力社會寫實的杜甫，「他的詩在形式方面的特點是注重技巧，在內容方面的特點是注重民間疾苦④。」韓愈一派繼承了杜甫形式上的特點，立異驚俗。而白居易一群則從杜甫詩的內容上衍生出來的⑤，受到杜甫社會寫實詩風的啓示，走群衆路線：「走出詩壇之外，不與詩壇諸公爭雄，却走向民間，向廣大民間去求名⑥。」提出「文章合爲時而著，歌詩合爲事而作」（與元九書）的口號，以教誨自命，主盟元和詩壇，可想見白居易派在當時的勢力，韓愈差一點連「元和一代文章宗主」的頭銜都要給元、白奪去⑦，但何以當時及後人對白居易派頗多微詞，甚或加以譏評⑦。唐李肇國史補云：

元和以後，為文筆，則學奇詭於韓愈，學苦澀於樊宗師；歌行則學流蕩於張籍；詩章則學矯激於孟郊，學淺切於白居易，學淫靡於元稹，俱名為元和體。

李肇可能以白居易俚俗爲病，尤不恥元稹宮體；杜牧爲李戡作墓誌，稱述李戡指責白居易的話說：「纖豔不逞，非莊士雅人所爲⑧。」蘇東坡更譏以「元輕白俗」⑨；近人劉中和氏言及「在中國傳統文學觀，白居易的詩，造詣淺薄卑下，被評估得份量極輕，甚至於把他看做詩壇的『敗家子』」，更推論「白居易的詩，對當時後世的詩壇，可說是沒多大影響⑩。」李賀身處元和時代，從其詩風似乎看不出和元、白一派有何糾纏，而李賀和韓愈一派有來往，應可再從韓愈這一派加以考察。

第二節　韓派背景、手法及其影響

清朝趙翼的「甌北詩話」卷三談到韓愈的創作背景：

> 至昌黎時，李杜已在前，縱極力變化，終不能再闢一徑。惟少陵奇險處，尚有可推擴，故一眼覷定，欲從此闢山開道，自成一家：此昌黎注意所在也。然奇險處亦自有得失。蓋少陵才思所到，偶然得之，而昌黎則專以此求勝，故時見斧鑿痕跡，有心與無心異也。

韓愈之所以提倡奇詭，羅聯添先生加以說明：

> 除天性好尚外，再就是詩歌發展到韓愈時代，各種體式已臻於極限，沒有擴充的餘地，只有奇詭一格尚可發揮。後來想居上而無法超越，遂不得不出奇以致勝。⑪

故孟郊賦詩劌目鉥心，很得韓愈賞識，贈詩曰：「東野動驚俗，天葩吐奇芬」、「橫空盤硬語，妥帖力排奡」，意在吐奇驚俗。而賈島更以刻劃爲能事，和孟郊贏得「郊寒島瘦」的綽號⑫，至於「盧奇馬怪」之流更不用提了。後之文學史家把李賀歸於韓愈怪誕一派⑬，可能著眼於韓愈想像奇詭之特色有以致之。而李賀的行徑也近於韓派，試觀李商隱「李賀小傳」謂賀「能苦吟」，其中一段云：

恒從小奚奴，騎距驉，背一古破錦囊，遇有所得，卽書投囊中。及暮歸，太夫人使婢受囊出之，見所書多，輒曰：「是兒要當嘔出心乃已爾！」

李賀「嘔心」苦吟，與韓派的孟郊、賈島很類似，賈島有「推敲」的故事，孟郊有「詩囚」的混號，都近於藝術至上主義者。李賀和韓愈走得很近，在韓派的氛圍裡，難免沾染其息氣。民初田北湖氏「昌谷別傳並注」指出最詳：

賀受排斥，護持尤力，蓋其生平知之感，無有比于愈者。當時文運陵遲，愈以振起為己任，務反近體，去陳言。其徒雖奉師法，不能歷其藩翰。賀少于愈二十歲，髫齡便屬詞，爾雅入古，卓然獨立，一洗盛唐浮薄鄙俚之習，尤不喜為七言律詩，與愈異曲同裁，宜乎氣類之感，有真契焉。

韓愈、皇甫湜又大力支持李賀，自然沆瀣一氣，聲氣相求，故賦高軒過詩除冀求援引之外，還提出「筆補造化天無功」的文學主張。近人錢鍾書氏以爲昌黎韓派的主張—文字𡟲天巧，和李賀說法「若反而實相成，貌異而心則同⑭。」足可說明李賀所受的影響。

韓愈的文學理論及其手法，羅聯添先生在「韓愈」一書闢有專章介紹，最爲詳盡，本文謹取資應用並稍作歸納如下⑮：

㈠韓愈的文學理論共有四點：除了載道的文學觀與文氣詩膽之說，尙有兩點可能影響到李賀：

(1)「唯陳言之務去」到「怪奇」：要求「辭必己出」，不因循前人，亦卽講求詩語言的創造，進一步要求奇異，其弟子皇甫湜甚至主張「怪奇主義」—「意新詞高」、「異常出象」。

(2)不平則鳴與窮而文工：言論文章也要受外界刺激而作，尤以「困阨悲愁無可告語」而寫，顯然影響到北宋歐陽修所提倡的「詩窮者而後工」之說。

㈡韓愈詩的藝術手法約有三種：奇詭、散文化、剛勁壯偉。其中以用字生僻、想像詭譎和以瑰奇字句描寫平凡粗陋景物等手法，可能爲李賀所取法。近人余光中先生歸納了韓派圈子頗爲「反傳統」的手法，很能一語道着其表現手法，爰取譬說明⑯：

(1)「惟奧的」（cult of obscurity）：指表現形式而言，在文字上，古僻生冷，在音響上，好用突兀險仄之聲，在意象上，輪廓顯著而筆觸有力，往往紛繁而且複疊，取材多元色調的楚辭，形成艱奧而晦澀的風格。

(2)「惟醜的」（cult of ugliness）：以取材、處理題材角度爲說，劉熙載「藝概」言「昌黎詩往往以醜爲美」已先行指出，蘇師雪林以法國羅丹的雕刻爲喻[17]，指現實經驗的醜，透過詩人匠心的斧鑿蛻變，轉化爲藝術經驗的美。近人姚一葦先生認爲李賀詩有怪誕美[18]，顯然與韓愈「惟醜」說法相近。

以上羅聯添、余光中兩先生已很詳盡概括韓愈的文學理論手法，對當時及後代都有影響，李賀當然不免。文學史家林庚也指出：

> 這是一個為藝術而藝術的時代，因為以往已漸臻於典型，他們如果要創作，便必須把握住藝術上更深一層的追求[19]。

中唐詩歌理論，從皎然主張修飾苦思起[20]，到韓愈的發揚，可說一脈相承，更可上追杜甫所謂「新詩改罷自長吟」、「語不驚人死不休」的說法，對中晚唐苦吟派詩人影響甚大[21]。李賀詩作風格，前人都舉與李白相比，只有明人高棅所著「唐詩品彙」把韓愈和李賀並論，稱「韓愈李賀，文體不同，皆有氣骨[22]。」倒能分別兩人異同，近人劉中和先生加以推論：

李賀的詩，則是奇得詭譎瓌麗，怪得險峭突出。……有了高超之氣，蒼勁之骨，然後或奇或怪才有可論；……李賀以氣骨和韓愈相比，應該是僅僅微遜於韓愈的，但也足以自成卓然一家了㉓。

後之文學史家雖有把李賀歸於韓派，但眞正深入分辨兩家風格不同之批評家仍很多，如陸侃如「中國詩史」便指出歸入韓派是種「錯誤的觀察」，李賀作品大都可以當得起一個「艷」字，而這個字便非韓孟風格㉔。李賀受到韓愈影響是事實，但「文章最忌隨人後」（黃山谷語），李賀自然有他自己的道路，有他自己獨特的聲音！

第三節　李賀詩的創作背景及其創作意識

「作家不僅受社會影響，他也影響社會。」文評家華倫和韋勒克在「文學論」列有專章討論文學和社會的關係㉕。研究作家的出身背景和思想意識，可以深入了解作家的「社會學與文學的本質和使命」，也即作家處理其文學作品本身的寓意和目的。黃師永武著有「從科際整合看詩的欣賞」，其中依社會學的觀點談到：

詩歌往往是社會現實的寫照，其中忠實地紀錄了各時代的特色，並生動地描繪了含義極深的社會世態。就以唐代的詩歌而言，對於唐代社會講究門第、婚姻、遊歷、考試四方面作為士人出身的衡量標準，有著豐富的記載。㉖所舉講究門第、婚姻、遊歷、考試四種方式來衡量唐代文人士子的生活背景是很適當的。同樣地，我們也可以這四種風尚來衡量李賀的出身背景。

(一) 李賀詩的創作背景

1. 出身背景

李賀的婚姻問題，由於文獻不足，無從討論。至於重視門第可說是李賀心理的重大壓力，他是唐宗室鄭孝王亮的後裔，自覺高人一等，但家道中落，雖是皇族旁支，幾與庶人無異，因此形成自大和自卑的交綜心態。「又順應當時以遊跡豐富閱歷的社會風氣，所以他也像李白、杜甫一樣，到過吳楚會稽㉗。」李賀集中約有二十首詠南中風土，當係遊吳楚之作。李賀享年僅只二十七，却與貧困、疾病、早衰與失意等結緣，在這麼多不如意事件當中，尤以不得應禮部試給他的打擊最大。李賀之所以汲汲求及第，除了爲解決家計問題外，也像當時一般讀書人一樣，學而優則仕，滿懷信心要「雄光寶礦獻春卿」（「送沈亞之歌」），卻「闔扇未開逢猰犬」（「仁和里雜叙皇甫湜」）；只因父名晉肅，被妒忌他的人讒以避諱之由，不宜赴試而歸。大好仕宦前途於焉斷送，等於宣判死刑，眞是一場悲劇。使他「思焦面如病，嘗膽腸似絞」（「春歸昌谷」），而「咽咽學楚吟」（「傷心行」），一如垂翅之鳥任由命運的擺佈。

除了命運的轗軻，現實的打擊，他個人本身的性向也是招致不幸的原因之一。肯師永武在「透視李賀詩中的鬼神世界」談到：

> 李賀是一位躁進、悲觀、激動的青年，髫齡時即已展露他早熟的智慧與才情，使他十分自負。成年後又遭遇重重挫折，使他對現實否定，對人世厭苦。加上他原本是沒落門第的「王孫」，自然形成了他「自大」和「自卑」交綜心態。㉘

這種心態造成他的傲慢，以致於養成孤僻習慣。試觀康駢「劇談錄」所描繪元稹明經擢第造訪李賀被拒，事雖不實，也可想見其傲，以致傅會。又張固「幽閑鼓吹」談到其表兄恨其傲忽，把李潘（非李藩，考證見前）侍郎交付的手稿投於溷中，蓋可想見其人。故近人洪爲法「李賀之死」

談到他傲慢來由有兩點：是諸王孫和自以爲了不得㉙，足可印證前說。所以後來應試被謗只有韓愈爲他辯護，「韓愈之愛長吉，大約也和愛劉叉賈島一樣，還能原諒他的傲慢與孤僻，而在別人便以爲輕薄，而排斥他了㉚。」難怪「勞勞誰是憐君者？」（「送沈亞之歌」）就是他的寫照。

2. 詩的淵源

杜牧「李長吉歌詩叙」指出：「蓋騷之苗裔，理雖不及，辭或過之。」可說是最早指出李賀深受楚辭的影響。其實賀詩句，如「斫取青光寫楚辭」（「昌谷北園新筍之二」）、「咽咽學楚吟」（「傷心行」）、「楞伽堆案前，楚辭繫肘後」（「贈陳商」）都可看出所受的淵源。近人楊鍾基先生「楞伽、楚辭與李賀的悲劇」一文，對此有很深入的討論㉛，他認爲李賀「案前的楞伽，既然無可攀援，肘後的楚辭，很自然地被李賀引爲同調」、「藉騷辭以申怨，實爲李賀的詩魂。」李賀所學習的有「沈鬱纏綿」的離騷、九章；或是「綺靡以傷情」的九歌、天問、招魂等篇，偏重形象、意境和表現手法的模擬，賀集中的天上謠、帝子歌、湘妃、瑤華樂、神絃曲、公無出門等都像「風檣陣馬」「鯨呿鰲擲、牛鬼蛇神」一樣的風格，難怪王琦評「帝子歌」，認爲「此篇全仿楚辭九歌」，可概其餘。

王琦彙解序言「長吉下筆，務爲勁拔，不屑作經人道過語。然其源實出自楚騷，步趨于漢魏古樂府。」賀集主要是樂府和七古，約佔一百七十首，且著名詩篇都出其中。像「美人梳頭歌」，方扶南評其「不着一字，盡得風流，使溫李爲之，穠艷應十倍加。」也指出李賀詩逼近南朝樂府，風格甚或過之。李賀甚至獨創樂府古風形式，如古鄴城童子謠效王粲刺曹操、蘇小小墓等。最重要一點，乃係漢魏六朝樂府仙道傳說對李賀風格的影響。國學大師章太炎「國故論衡」辨詩篇言「觀郭璞之游仙，而後知李賀詭誕也。」錢默存「談藝錄」言及「長吉於六代作家中，風格最近明遠（鮑照）。」稱鮑照風格「發唱驚挺，操調險急，雕藻淫艷」和牧之所形容「風檣陣馬、時色美女、牛鬼蛇神」諸喻，含意闇合。兩說都指出李賀受到六朝樂府的影響，其實從另一角度言，依近人李豐楙先生「六朝樂府與仙道傳說」考證，指出六朝時神仙道教蓬勃發展，「其宗教活動及仙道傳說盛傳於世，播於樂府㉜。」李賀二十二歲屈就奉禮郎，專奉朝會祭祀的禮節，一定會接近樂府古曲如上雲樂、神絃曲等，這些古曲與道家祭儀有密切關係，自然耳熏目染而多作。故黃師永武也指出李賀這些樂府古曲寫得好，備受讚賞，自然大加描摹了㉝。

此外，李賀還吸收了齊梁宮體詩色澤濃艷的特色。賀詩「花遊曲」序云：

寒食諸王妓遊，賀入座，因採梁簡文詩調賦花遊曲，與妓彈唱。

李賀自己說明仿效了宮體詩，集中有屏風曲、惱公、河陽歌、梁台古意、龍夜吟、夜來樂、石城曉等，蘇師雪林即指出「他從六朝宮體，採取香艷的感情和華麗的辭藻，使詩恢復了『美』㉞。」為什麼他的詩那麼「艷」，而且是「幽艷」、「冷艷」，主要意取幽奧，辭取瑰奇，形成「奇詭瑰麗」的風格，其來也有自了。

㈡ 創作意識

近年以心理學發達，有援其理論研究文學之趨勢，顧翊群先生的「李商隱評論」即其顯例。他說：

> 且詩人生活愈窮，而所描寫者愈益華貴，此為心理學上之補償作用。志氣不舒，事業不遂，而努力於文藝創作，為心理學上之昇華作用。千古以來，屈宋史遷李杜諸公同出一轍。㉟

李賀以天潢之裔，夙負才名，「舉進士有名」，正待青雲直上，時輩以「避諱」為名從而排之，以致雲程始軔，便遭摧抑，命運自此坎坷。終其一生，既不第、不達，又貧窮無靠，不足仰事俯蓄，窮極則怨，只有寄託於詩篇。難怪集中多感歎不遇，抒洩哀憤孤激之思的作品，故可套用上例說法，稍作說明其思想創作意識：

1.苦難生活的昇華：賀阨於讒，不得舉進士，又窮蹙潦倒，只能咀嚼生活的澀味，理想和現實隔得那麽遙遠，生活的困頓已夠煩憂，再加思想的無以安頓，縱能援引楞伽經也解不了纏結在心的苦惱；窮極則怨，只有引屈騷爲同調，「屈平之作離騷，蓋自怨生」（史遷語），「在無窮的怨抑當中，李賀挖心自食，細嘗苦味，拿起他生命所寄的綵筆，喊出了『筆補造化天無功』的口號，申恨抒愁，在刻削天地之形中表現他對命運的抗爭，在捕捉藝術的美底一刹那間求取神聖的永恒㊱。」捕捉繆司的精靈，寄情於詩，一面完成了詩藝，也使抑積的靈魂得以發散，難怪窮愁是詩人的專利品，誠然印證了「詩窮而後工」的說法。

2.缺憾心理的補償：由於運命不舒，仕途又不達，如詩名不揚，那麽身與草木同腐，豈不可悲？既無法立德立功，至少亦應「立言」以不朽，故李賀常念「勞勞誰是憐君者」（「送沈亞之歌」），「莫忘作歌人姓李」（「唐兒歌」），懼名聲落人後，只有塗繪彩筆，以瑰麗色彩描繪虛幻世界，以彌補現實缺憾，以塡補心靈的空虛，他臨死那段「修文赴召」的神話，李商隱的「李長吉小傳」寫得歷歷如繪，其實是一種幻覺，是潛意識的抒發，也無非是心理的補償作用，洪爲法氏「李賀之死」說得好：

在他平日，不過因為壯志摧頹，窮愁潦倒，便讓他的心組構出許多關於天上的空想以為發洩，以為安慰，而在此時更幻出上帝遣人來召他去作白玉樓記了。不召他去做別的事，偏還是寫文章，這正是他平日的企圖，企圖文章可以為在上者的鑒賞，可以使他光榮得志。

黃師永武「透視李賀詩中的鬼神世界」對此有精闢的解說，列有四種補償心理，可移作證明李賀內心欲望的需要，因爲安全、被尊敬、挫折及自我實現等需要補償，才會描寫那些悽迷的鬼神世界，應合了顧翊群先生所揭示的說法，也說明了李賀爲什麽要苦吟疾書，鏤玉雕瓊去創造瑰麗奇詭荒怪的詩篇了。

第四節　李賀的文學主張—筆補造化天無功

李賀在「高軒過」詩提出「筆補造化天無功」一語，乃係他個人對他詩藝的自負和肯定，也是他的文學主張。通過能奪天巧的藝術手腕，使作品命意深刻。措辭造句千錘百鍊，利用想像的飛耀，造就「有崩雲湧雪之驚，練川措陸之平」的氣勢，功奪造化，以期達到藝術造境之美。故錢氏「談藝錄」乃特爲指出：「此不特長吉精神心眼所在，也是道術本源，藝事極本㊲。」眞確地指出李賀命意所在，錢氏並加以闡述：

> 此派論者不特以為藝術中造境之美，非天成境界所及，至謂自然界無美可言，祇有資料，經藝術驅遣陶鎔，方得佳觀，此所以天無功而有待於補也。

所說和中唐詩評家皎然的主張類似，他主張崇尙自然，也主張修飾苦思，其所著「詩式」云：

> 又云不要苦思，苦思則傷自然之質，此亦不然。夫不入虎穴，焉得虎子？取境之時，須至難至險，始見奇句。㊳

李賀奇險作勢，與皎然主張有相通的地方。前人論賀詩衆說紛紜，如「設色穠妙，刻於撰語，渾於用意」（詩辯坻），「隻字片語，必新必奇，若古人所未經道，……其鍛鍊工，其丰神超，其骨力健，……要以自成長吉一家言而已」（李維楨昌谷詩解序），無非不蹈前人舊路，欲另闢新境，自出機杼，以求擬議變化，達到藝術之極境。錢默存氏以爲要「師天寫實，而犁然有當於心；師心造境，而秩然勿倍於理㊴。」，才能從心所欲不踰矩而達到藝術的至境。故李賀「筆補造化天無功」的主張應以兩方面爲說：一寫實，一造境。

李賀詩在寫實方面，求優雅精緻，以期有更高的意境，更豐富的內容，更完美的形式以及塑造個人獨特的風格。如「美人梳頭歌」，寫美人曉粧，宛然動人的情態，顧盼多姿，令人意遠。够得上美麗而不浮艷，韻致而不妖媚，細膩而不雕琢，正如方扶南所評「不着一字，盡得風流」的境界，李賀的名篇以意象精確，刻劃深刻見長，大都能符合他自己的主張。

至於造境，李賀善用遐想，利用濃縮的手法，通過各種隱喻、形容、象徵和豐富的聯想，去構築魁麗奇異的世界。如「李憑箜篌引」，以文字摹寫音樂，透過詩人高超奇幻的想像力，以奇特的句構和用字企近藝術技巧圓熟的境界。全篇詩的感情脉絡貫串其間，由眞入幻，籠罩在神仙象徵意境的「想像結構」裡。也如吳北江所評「通體皆從神理中曲曲摹繪，出神入幽，無一字落恒人蹊徑㊴。」所謂「出神入幽」正指出李賀造境技巧的高妙，非凡人所及。唐詩紀事引唐人張碧言李賀詩「春拆紅翠，闢開蟄戸，其奇峭者不可攻也。」足可說明李賀造境之才力絕人，乃是他特有的藝術手腕。

總之，李賀身處中唐文學環境，雖受韓派影響，仍能堅持自己的文學觀念—筆補造化天無功，寫實造境技巧兩臻圓熟，有想像豐富、構思精巧、表現新穎、風格奇詭等優點，集中名篇之能傳世皆得之於此。今雖由作品反證其文學觀念，正可說明李賀雖是無心之言，却是有意實踐，達到戛然獨造高超的意境，也可見李賀嘔心爲詩，把全副生命寄託在詩藝上的意志和決心！這種嚴肅認眞的創作態度和反對庸俗，追求完美藝術表現的精神，正是李賀文學觀念的反映與實現。

【附註】

①羅聯添先生，隋唐五代文學批評資料彙編，頁一。

②謝佐禹氏，中唐詩人派別，文哲季刊第一期，頁四六。

③舊書卷一六六，白居易傳：「元和主盟，微之、樂天而已！」

④陸侃如氏，中國詩史頁四五九。

⑤同註④頁四五九、四八一。

⑥劉中和先生，唐代文學全集，頁四四。

⑦羅聯添先生，中國文學史論文選集㈢，頁一一八一。「唐代文學史兩個問題的探討」一文引出。

⑧劉熙載「藝概」卷二稱：「文人相輕之言，未免失實。」

⑨蘇東坡全集前集卷三十五，祭柳子玉文：「元輕白俗，郊寒島瘦」。

⑩周註⑥，頁四二及四五。

⑪羅聯添先生，韓愈（河洛出版社）頁一一〇。本文多處引用並受啓發，特此致謝。

⑫同註⑨。

⑬如蔡慕陶先生，中國文學發展史（帕米爾）。

⑭錢鍾書氏，談藝錄，頁五九。

⑮同註⑪頁一〇九。

⑯余光中先生，消遙遊，頁七〇，「象牙塔到白玉樓」。

⑰唐詩概論，頁一一二，商務印書館。

⑱姚一葦先生，美的範疇論，頁二七八，開明書店。

⑲林庚氏，中國文學史，頁二〇五，廣文書局。

⑳同註①頁十九。

㉑同前註。

㉒高棅，唐詩品彙（四庫全書珍本六集）七言古詩十一，頁二十六。

㉓同註⑹頁一六二。

㉔同註④頁五一七。及友梅「李賀研究」認爲「李賀的詩實在很少可歸入怪誕類」，（書目季刊二卷三期）。

㉕王夢鷗先生譯「文學論」，頁一四九，第九章文學與社會。

㉖聯合報六八年八月二十六日聯合副刊。

㉗同上註。此說有兩派，鄭騫先生「李賀的生平及其詩」以爲論據貧弱不足信。朱自清氏「李賀年譜」則主到過江南，黃師永武也同其說，不過都未談及確實日期，個人以爲當係十七、八歲時，李晉肅未死之前，詳見年譜新編。

㉘中國詩學思想篇頁二〇五。

㉙洪爲法氏「談文人」頁五六，華夏出版社。

㉚同上註，頁五七。

㉛「中國學人」第六期，頁一四五，新亞研究所出版。
㉜古典文學第一集，頁六七。
㉝同註㉘，頁二〇四。
㉞蘇師雪林．唐詩概論（商務版）．頁一五二。
㉟顧翊群先生「李商隱評論」頁二一。
㊱同註㉛，頁一五八。
㊲錢氏談藝錄，頁五七。
㊳見藝文版歷代詩話，頁二十。
㊴引自陳弘治先生「李長吉歌詩校釋」，頁五。

三、李賀詩的內在研究

第一章　李賀詩的語言

詩除「語言」以外未具表現的工具①，故詩是一種語言的藝術，詩的創作就是語言的創造。法國評論家 B. Dobrie 曾指出：「語言會久用成俗濫，像銅幣久用會漸磨光；所以，我們應不斷致力於新幣艱苦的鑄造②。」詩的語言既是創造的語言，必須適切把握並恰如其份地表現內在完整的觀念，動員語言本來所持有的神秘機能，挖掘詩語言的特性，故詩人是語言的再創造者。大批評家艾略特（T. S. Eliot）說：「文學家的工作乃是和語文及意義之艱苦的纏鬪③。」證以村野四郎所說：「跟語言嚴肅的對決是產生眞詩的要件」④可知。

詩有兩層意義—字面的意義和象徵或暗示的意義，詩的語言也即想像的語言，主要在「表現普通一般邏輯所不能表現的世界，即要表現隱蔽在通常的意識下難予捉摸的感情世界⑤。」故詩是異於散文或日常語言的。法國詩人梵樂希（Paul Val'ery）曾以「舞蹈」比「詩的語言」；「步行」比「日常語言」⑥，很正確說明了詩語言的藝術性。爲了要了解其藝術特質，必須通過語言的機能—意義的和音樂的聽覺上兩種機能，也即表義和形聲，以構造詩的兩個性格—詩的繪畫性和詩的音樂性。

詩的繪畫性是靠意象來表現，而意象講求空間性的視覺效果。詩的音樂性有賴節奏來表現，而節奏是時間性的聽覺效果⑦。我們研究詩的語言表現即是研究意象、節奏，本章研究李賀詩的語言即按此分爲二節加以說明。

第一節　李賀詩的繪畫性—意象

意象是詩的構造成分之一⑧，韋勒克和華倫在「文學論」特別指出：「它是文體論之一層次，不能從別的層次中孤立起來，必須把它當作文學作品整體中的一個要素來研究。」詩人的責任便是運用意象來表達直覺所體驗到的眞實世界，有賴所選意象的具體和明確，也就是說，詩主要是通過意象具現的。那麼意象是什麼呢？根據心理學家布雷（B. W. Bray）所下定義：「意象是吾人意識上的回憶。原物不存在時，它能在吾人的知覺上，重新完整的或部分的產生原始印象⑨。」這個心理學名詞應用在文學上，意象是指一種「心靈的圖畫」⑩。即詩人把握個人感覺與外在事物之具體性關係，一方面精確地表現該物的特性，另一方面喚起讀者相同或類似的感覺。故龐德給意象下一個定義：「意象之爲物，乃需於瞬間能呈現理智與情感二者之複合體者⑪。」

意象乃在呈現事物和感覺之間關係的具體性，進而引起讀者的共鳴。

西方由於心理學發達，術語常被應用到文學藝術上，有人或許會以為「意象」為外來語，其實文心雕龍「神思篇」即有「獨照之匠，闚意象而運斤」一語，可惜沒有發展成一套理論。又像王弼的「周易略例」「明象篇」談及「夫象者，出意也；言者，明象也。」把意、象、言分成三個層次，說明意與象之間的關係，要靠「言」來具現，這個「言」就是「意象語」。詩人余光中先生下面一段話很能表明這種關係：「詩人內在之意訴之於外在之象，讀者再根據這外在之象試圖還原為詩人當初的內在之意⑫。」即以語言文字作媒介，把作者的心理意象具現出來。

劉若愚先生在「英詩中之意象」⑬一文，把意象分為「單純意象」與「複合意象」。所謂「單純意象」是獨立意象，由一個名詞或名詞片語所構成，如賀詩「芙蓉泣露香蘭笑」（「李憑箜篌引」）其中「芙蓉」、「露」、「香蘭」是單純意象，「芙蓉泣露」是複合意象，「芙蓉泣露香蘭笑」是更大單位的複合意象。至於如何雕塑意象，黃師永武「談意象的浮現」清楚談到：

> 「意象」是作者的意識或外界的物象相交會，經過觀察、審思與美的釀造，成為有意境的景象。然後透過文字，利用視覺意象或其他感官意象的傳達，將完美的意境與物象清晰地重現出來，讓讀者如同親見親受一般，這種寫作的技巧

，稱之為意象的浮現。⑭

研究意象產生的來源必須研究語法及用字⑮，故以下分語法、色彩、麗藻、典故、語義類型等加以論列，並設專節討論李賀塑造意象的特殊技巧，最後探討意象結構。

㈠塑造意象的方法

1. 語法

語法有兩種：中文的孤立語法與英文的堆砌語法。中文的孤立語法有利於意象的造就⑯。意象的造就目的在使讀者心中塑造一特殊的影象以激起一種新鮮的心理感受，所以意象的創造在提供這種特殊影像的素材，由於「名詞」是選就意象最直接的素材，因此意象部分常見名詞的並列，也由於名詞容易孤立，導致單純意象的產生。葉維廉先生在「靜止的中國花瓶—艾略特與中國詩的意象」談到這種特性，他說：

中國詩拒絕一般邏輯思維及文法分析。詩中「連接媒介」明顯的省略—譬如動詞、前置詞及介系詞的省略，使所有的意象在同一平面上相互並不發生關係地獨立存在。⑰

由於這種「文法構成的獨特性」，缺乏「連接媒介」反而使意象獨立存在，造成一種「氣氛」，放射出豐富的暗示力。名詞或名詞片語的並列，其間並無任何語法聯繫，屬於散漫性句法，有利於單純意象的造就。我們先看李賀詩句裡由「名詞」或「名詞片語」所構成的意象：

春柳南陌態，冷花寒露姿。（花遊曲）

琉璃鍾，琥珀濃，小槽酒滴真珠紅。（將進酒）

錦水南山影。（蜀國弦）

歌聲春草露。（惱公）

雲脚天東頭。（崇義里滯雨）

奩鏡幽鳳塵。（蘭香神女廟）

古壁彩虬金帖尾。（神弦曲）

瓊鍾瑤席甘露文。（瑤華樂）

雲根苔蘚山上石。（南山田中行）

寒鬢斜釵玉燕光。（洛姝真珠）

杜鵑口血老夫淚。（老夫採玉歌）
紅羅複帳金流蘇。（夜來樂）
茂陵劉郎秋風客。（金銅仙人辭漢歌）

上列各句的意象，都是名詞或名詞片語並列或孤立所產生的，每一個名詞或名詞片語造成一個個單純意象，如「春柳南陌態，冷花寒露姿」，「春柳」，「南陌態」，「冷花」，「寒露姿」，都是名詞片語，而「春柳」與「南陌態」，「冷花」與「寒露姿」之間，根本沒有語法連繫。又像「琉璃鍾，琥珀濃，小槽酒滴眞珠紅」是更多並列的意象，「一連串的意象重疊或集中成一個深刻的印象」⑱，是艾略特所謂的「壓縮的方法」，能夠產生暗示性。而且兩個意象並列通常會有進一步關係，不是意象之間具有類似性就是彼此有明顯的對照。像「古壁彩虯金帖尾」、「紅羅複帳金流蘇」都是形容詞與名詞連用或兩個名詞並列方式，使人聯想到新鮮、生動的物性，有艷麗之感。又如「杜鵑口血老夫淚」彌漫淒厲的氣氛，暗示一種無依彌天的悲哀，李賀頗能把握這種手法。

但上面所列各句是李賀兩百多首中僅有的，由名詞或名詞片語所構成的靜態意象，可見李賀會這種語法但並不常用。也可能是李賀所長在古詩和樂府歌行，它們的表現方式是陳述式的，而非意象式的。近人杜國清先生在「論『漢字作爲詩的表現媒介』」一文談到：

詩的語言有兩種，一是意象式的，一是陳述的。……在表現上，前者多用名詞，傾向於空間的構圖，呈現為靜態的、客觀的具現；後者多用動詞，傾向於時間的連續，呈現為動態的、主觀的斷言。在言語表現上，前者依賴字與字之間的肌理關係（texture），後者注重句子在構成上的句法（syntax）。在藝術型態上，前者屬於繪畫性，後者屬於音樂性。……在古典詩中，前者多為律詩句型，後者多為古詩句型。這兩種句型，在中國古典詩中，各有其作用，不能偏廢⑲。

李賀的古詩和樂府歌行約有一百七十首，佔全集的三分之二，難怪塑造靜態意象的句子較少。相對地，古詩和樂府歌行陳述式的表現，多用動詞，注重句子在整體構成上的句法，故討論動態意象，也必須從語法理論探討起。

前引「漢字作爲詩的表現媒介」的作者范諾羅沙主張：「中國詩具有豐富的及物動詞，而漢字是最理想的詩的表現媒介⑳。」他認為語法能表現「動作」，「任何一個動作必須牽涉到一個主動者與一個受動者。引發行為的主動者是主語，表示行為的是動詞，承受行為的是賓語。行為是力，移轉於主賓兩點之間。因此主—動—賓的語句直接反映出自然界的現象，使語言接近物體㉑。」故可說塑造動態意象主要靠動詞，尤其是及物動詞。及物動詞把力的轉移表現於主詞賓語之間，維持其關係。傳統詩論家在討論「詩眼」時，主要即着眼於動詞的驅遣：例如用什麼樣的動詞最妥切，詩句中什麼位置最適於動詞運用。茲以王國維「人間詞話」為例，他舉「紅杏枝頭春意鬧」這一句，以為著一「鬧」字，境界全出㉒。又如王安石名句「春風又綠江南岸」的「綠」字亦然。既可表現具體的靜態意象，又可兼具「力」的移轉的動態美㉓，有具體感又富戲劇性，成為衡量動態意象的最好標準。

前人已看出李賀利用動詞造就奇險風格，如明代方以智「通雅」談到「長吉好以險字作勢」即為其例。近人以錢默存氏「談藝錄」獨具慧眼，看出李賀偏愛凝重鋒利字，他說：「動字、形容字之有硬性者，……皆變輕重者為凝重，使流易者具鋒鋩㉔。」試看下列例子：

空山凝雲頹不流。（李憑箜篌引）

塞上燕脂凝夜紫。（雁門太守行）

紅花夜笑凝幽明。（十二月樂詞，十月）

晚紫凝華天。（洛陽城外別皇甫湜）

芙蓉凝紅得秋色。（梁臺古意）

欲剪湘中一尺天。（羅浮山人與葛篇）

瞳人剪秋水。（唐兒歌）

風剪春姿老。（感諷）

玉鋒堪截雲。（走馬引）

掃斷馬蹄痕。（憶昌谷山居）

隙月斜明刮露寒。（劍子歌）

籜落長華削玉開，斫取青光寫楚辭。（昌谷北園新筍四首）

夜來霜壓棧，駿骨折西風。（馬詩）

辟地插森秀。（贈陳商）

今日鑿崆峒。（惱公）

例子太多，也可看出李賀特長在此，靠凝重、鋒銳的動詞，構建動態意象，使之更爲突出。黃師永武「談意象的浮現」也以爲「將靜態敍述的形象，改作動態演示的動作意象，能構成活生的場景，生氣盎然，則意象自然浮現得格外清晰㉕。」其道理是一樣的。

除了上面那種凝重鋒銳的動詞外，李賀在動詞的運用上另有高招，錢氏「談藝錄」指出：「斯正長吉生面別開處也，其每分子之性質，皆凝重堅固；而全體之運動，又迅速流轉。故分而視之，詞藻凝重；合而詠之，氣體飄動。…此如冰山之忽塌，戈壁之疾移，勢挾碎塊細石而直前，雖固體而具流性也㉖。」即採用「飄疾」「迅捷」的動詞，帶動全句，使凝重呆滯之感化爲流轉飄動之美，正如錢氏所說「言物態則凝死忽變而爲飛動㉗。」以下試看其例句：

石破天驚逗秋雨。（李憑箜篌引）

老魚跳波瘦蛟舞。（李憑箜篌引）

露脚斜飛濕寒兔。（李憑箜篌引）

自言漢劍當飛去。（出城寄權璩、楊敬之）

天河之水夜飛入。（梁臺古意）

夫人飛入瓊瑤臺。（李夫人）

霜花飛飛風草草。（十二月樂詞，九月）

簾外嚴霜皆倒飛。（夜坐吟）

飛香走紅滿天春。（上雲樂）

苔色拂霜根。（竹）

宮花拂面送行人。（出城寄權璩、楊敬之）

光風轉蕙百餘里。（十二月樂詞，三月）

天河夜轉漂迴星。（天上謠）

河轉曙蕭蕭。（畫角東城）

暖霧驅雲撲天地。（十二月樂詞，三月）

楊花撲帳春雲熱。（蝴蝶舞）

煙底驀波乘一葉。（送沈亞之歌）

天上驅雲行。（申胡子觱篥歌）

七星貫斷姮娥死。（章和二年中）

直貫開花風。（申胡子觱篥歌）

東關酸風射眸子。（金銅仙人辭漢歌）

以上各句都用到「轉、飛、撲、拂、舞、驀」等字，引起飄疾飛動之感，至於「逗」、「貫」、「射」等字，又於迅速中含堅銳，這種由動詞表現力的聯繫，正是詩歌的生命，李賀無疑地完全掌握了塑造動態意象高超的能力。

上面所談係由語法建構動靜態意象，講到的是名詞與動詞，以下要談到形容詞，包括色彩和麗藻，另外由語意的研究談到典故，最後歸結意象類型。

2. 色彩

意象的作用在引起感官反應及情感聯想，詩詞中的色彩不一定具有象徵意義，但至少從聯想中影響了感情的產生和轉化，創造了詩的美感。文字對感官的刺激在人類心理上所造成的圖畫，包括一切五官意象的再現，最普遍的是視覺意象，而視覺意象包括有色彩、明暗和動靜；其中色彩是視覺意象最重要的一環。故難怪文學理論家特別强調「色彩是字質的重要一環」[28]，有物性傾向。內於意象愈具體愈容易使人聯想到新鮮、生動的物性；色彩所造成的强烈視覺效果，使意象更爲鮮活生動。詩人永遠不會放棄塑造意象的努力，所以詩人也絕不會放棄色彩的經營和應用。

李賀詩的意象顏色非常豐富，早爲人所注意。像南宋詩人陸游即指出：「賀詞如百家錦衲，五色眩曜，光奪耳目，使人不敢熟視[29]。」又日人喜用統計分析來探討李賀詩的色彩已有多篇[30]，其中荒井健做了一項李賀、韓愈、王維三者用色多少的比較，「結果是李賀詩的彩色數字，佔總用字數之三點三。王維佔百分之一點五，而韓愈是百分之零點八。李賀在三十個字中，有一個色彩字，王維在六十七個字有一個，韓愈則在一百廿五字中才有一個，可見李賀愛用色彩的程度[31]。」李賀彷彿如陸游所描繪的「天垂繚白縈青外，人在紛紅駭綠中」那樣，置身於繁「華」的色彩世界。李賀詩顏色的分配約有下列幾種，例如：

野粉椒壁黃。（還自會稽歌）

燈青蘭膏歇。（傷心行）

泉脚挂繩青裊裊。（老夫採玉歌）

塞上燕脂凝夜紫。（雁門太守行）

桃花亂落如紅雨。（將進酒）

南湖一頃菱花白。（江樓曲）

這是一句中，只含有一種顏色的。也有一句中，就含有兩種顏色的，例如：

青袍度白馬。（秋涼詩寄正字十二兄）

秋白鮮紅死。（月漉漉篇）

綠鬢年少金釵客。（殘絲曲）

玉烟青溼白如幢。（谿晚涼）

施紅點翠照虞泉。（瑤華樂）

九山靜綠淚花紅。（湘妃）

一夜綠房迎白曉。（牡丹種曲）

小白長紅越女腮。（南園十三首其一）

一方黑照三方紫。（北中寒）

也有一聯中，出現兩種，甚至多至三、四種顏色，例如：

入苑白泱泱，宮人正靨黃。（同沈駙馬賦得御溝水）

黑雲壓城城欲摧，甲光向日金鱗開。（雁門太守行）

月綴金鋪光脉脉，涼苑虛庭空澹白。（河南府試，九月）

綵線結茸背複疊，白袷玉郎寄桃葉。（染絲上春機）

粉霞紅綬藕絲裙，青洲步拾蘭苕春。（天上謠）

玉瑟調青門，石雲溼黃葛。（黃頭郎）

以上係李賀在詩中調配顏色的各種方法。錢鍾書氏「談藝錄」談到「其好用青白紫紅等顏色字，譬之繡鞶剪綵，尚是描畫皮毛㉜。」錢氏看重的命脉所在係以「逗、貫、射」等字迅速中含堅銳的動態意象，其實上列所舉顏色字，並非單純表達色彩而已，像「燈青蘭膏歇」，「青」字除表顏色外，還有暗示燈花將熄之意。又如「一方黑照三方紫」和「塞上燕脂凝夜紫」，其中「紫」字除表明了顏色之廣，更渲染烘托出塞上的氣氛。另外色彩的對比，也能產生戲劇感，形成詩的張力，如「綠鬢年少金釵客」，由綠鬢少年跟金釵之客兩個意象的對照，產生對比，「由美麗的色彩引致相反情調的逆轉與對比，給人一種拗折的反面感覺㉝。」這種相反效果，其衝擊力更加强烈，感受也更深刻。難怪周誠眞先生也不同意錢氏的意見㉞。

另外特別要談到李賀運用色彩的特色。李賀善用「白」字，達九十四處，幾佔全集三分之一以上，難怪馬位在「秋窗隨筆」談到：「長吉善用白字，如『雄鷄一聲天下白』、『吟詩一夜東方白』、『薊門白於水』、『一夜綠房迎白曉』、『一山唯白曉』，皆奇句㉟。」以下尚可列出更多的例子：

白景歸西山。（古悠悠行）

秋白遙遙空。（將發）

馬蹄白翩翩。（代崔家送客）

銀蹄白踏煙。（馬詩二十三首其一）

南湖一頃菱花白。（大隄曲）

磓碎千年日長白。（宮街鼓）

。

寥落野湟秋漫白。（梁台古意）

小白長紅越女腮。（南園十三首其一）

對色彩的偏嗜，經過西人研究歸納有三種因素：第一是自我的介入，第二是體面的維持，第三是快樂的追求㊱。李賀偏愛「白」色，可能是他沈浸在自己獨特的想像空間，形成殊異的經驗，特殊的作品。「白」又象徵潔白、神聖、純眞㊲，李賀生性孤僻，雖是沒落王孫，仍然孤高自賞，「必也是表示自己之神聖光明㊳。」以期維持他的體面。又「白」與時間常連用，如白駒過隙、白晝等詞，「李賀對時間特別敏感，詩中屢屢提到時光流逝，故常用『白』這個色彩字㊴。」甚至做著白日夢㊵！其實像李白對白的虔誠，以及晏小山詞中的紅與綠，陳後山的五色雜陳，都可能從他們生活歷程及思想型態中找出答案。鄭騫先生在「小山詞中的紅與綠」一文談到：

晏小山是個門祚式微身世飄零的貴公子，又天生是個多情善感的風流才士，所以他的作品在高華明潤的風度之外，顯示著無限悲涼情調，在濃艷的色澤之上，籠罩著一層黯淡的氣氛。他對於紅綠兩色的運用正好把上述的情形表現出來。㊶

晏小山「是要用紅綠來渲染調劑秋冬早春的蕭瑟淸寒的」㊷，李賀却更進一層，把紅綠黃翠等鮮明色彩，再加上幽冷字眼，如幽、冷、墮、愁、暗、寒、頹等字，造成字質的拗折，情調更加悲涼淒慘，感受也更深一層。例如：

飛光染幽紅。（感諷六首其一）

班子泣衰紅。（感諷六首其五）

愁紅獨自垂。（黃頭郎）

墮紅殘萼暗參差。（河南鄉試，四月）

椒花墜紅溼雲間。（巫山高）

冷紅泣露嬌啼色。（南山田中行）

暗黃著柳宮漏遲。（河南鄉試，正月）

寒綠幽風生短絲。（河南鄉試，正月）

頹綠愁墮地。（昌谷詩）

蘭風桂露灑幽翠。（洛姝眞珠）

上擧各句的「紅」、「黃」色調屬於暖色系統，本有興奮、積極的感覺，加了墮、衰、冷、頹等幽暗色調的字，竟然造成相反擷抗的視覺效果。而「綠」、「翠（青色）」屬於寒色系統，帶有沈靜鎭定的性質，使人感覺稍微帶有寒意，且「綠色假使夾在灰色中間，使人覺得悲傷衰退㊸。」可知「頹綠」、「寒綠」、「幽翠」所引起的視覺刺激更加强烈，達到意象具體物性的效果。難怪歷代評他穿「幽」入仄，託諸「幽」荒陰澀㊹。方瑜先生也有見及此：「在顏色字方面，長吉也有特殊的偏好，他喜用濃色如紅、綠，但却常在這些濃色之上，另加一個修飾字，如：冷紅、老紅、墜紅、幽紅、愁紅、空綠、靜綠、頹綠……不但削弱了紅、綠原有的熱鬧喧嘩，反而製造出衰颯的效果㊺。」卽可證明李賀運用色彩與他人不同，跟他內心世界也有連帶關係，值得深入挖掘研究。

3. 麗藻

歷來詩論家以李賀奇詭而歸於韓愈一派，其實，他的風格最大特色是個「艷」字，爲韓派所無。李賀詩造境瑰奇，摛采艷發，史有定評，學自「驚采絕艷」的楚騷㊻，「怨鬱博艷」的南北樂府古詞㊼，再加齊梁艷體詩色澤濃艷的特點，李賀詩的辭采難免受影響而綺麗起來，難怪葉衍蘭氏評他「鏤玉雕瓊」，毛先舒氏以爲他「設色穠妙」，錢默存氏談藝錄也認爲「長吉穿幽入仄，慘淡經營，都在修詞設色」可證，錢氏以李賀好取金石硬性物作比喻，好比外人高地愛好「鏤金刻玉」，謂其詩如「寶石精鏐，堅不受刃」，既是寶石精鏐當然色澤鮮艷，所塑造的意象自然「綺麗」，引起鮮明的感覺，試看下列各句：

崑山玉碎鳳凰叫。（李憑箜篌引）

金槽琵琶夜棖棖。（秦王飲酒）

金鵝屏風蜀山夢。（洛姝真珠）

縹粉壺中沈琥珀。（殘絲曲）

頭玉磽磽眉刷翠。（唐兒歌）

香汗沾寶粟。（十二月樂詞，五月）

夜天如玉砌。（十二月樂詞，七月）

月綴金鋪光脈脈。（十二月樂詞，九月）

金虎蹙裘噴血斑。（梁台古意）

玉刻麒麟腰帶紅。（秦宮詩）

夜光玉枕棲鳳凰，（許公子鄭姬歌）

玉星點劍黃金軛。（公無出門）

奪取寶釵金翡翠。（少年樂）

龍裘金玦雜花光，（榮華樂）

金盤玉露自淋漓。（崑崙使者）

長金積玉誇豪毅。（嘲少年）

玉壺銀箭稍難傾。（十二月樂詞，十月）

珠帷怨臥不成眠，金鳳刺衣著體寒。（十二月樂詞，十月）

隨手拈來，觸目盡是金銀、寶玉、翡翠，不勝枚舉，蘇師雪林在「唐詩概論」也談到『李賀多用礦物性質的形容詞，如「金」「銀」「玉」「瑤」，又好作遊仙體，可說是瑰麗㊽。』並指出李義山是「縟麗」，溫飛卿是「淸麗」，可見他們一貫的特色，是一個「麗」字。錢默存氏更推斷李賀愛用麗藻的原因在「蓋性僻耽佳，酷好奇麗，以爲尋常事物，皆庸陋不堪入詩，力避不得，遂從而飾以粉堊，繡其鞶帨焉㊾。」由於這些金玉綵繡，五彩繽紛，造成具體的物性意象，極富視覺效果。麗藻雖有利於塑造意象，但並不只是外表的裝飾而已，而是能烘托或配合詩的質素，引起感情的聯想或暗示力。如最後一句「珠帷怨臥不成眠，金鳳刺衣著體寒」，珠帷和金鳳刺衣雖美，却反襯出宮女的抑鬱和寂寥，反諷意味很强。難怪愛倫・坡（Poe）所說「憂傷與美結合，才是最富有詩的氣氛㊿。」有人稱李賀爲唯美派的啓示者，就是這個原因吧。

4. 典故

前人都以杜甫、李商隱最善於用典，其實，李賀也喜用典故，周誠眞先生「李賀論」甚至認爲李賀用典之妙不在他們兩人之下(51)，可見李賀用典也得到批評家的承認。詩人用典有贊成、反對兩派：一派指責用典是掉書袋和造作，甚至誇示博學最要不得，壞處是令一般讀者望而生畏，只有求助於註解或批評家的詮釋。前人以鍾嶸、嚴羽、王士禎諸人主張較有名，嚴羽滄浪詩話言「詩有別材，非關書也。詩有別趣，非關理也。」即如是主張。近人以胡適先生「八不主義」不用典最有名。另一派則認爲典故「可以做爲表現情況的一種經濟手段(52)」，徐復觀先生說得好：

因為一個典故的自身，卽是一個小小的完整世界；詩詞中的典故，乃是在少數幾個字的後面，隱藏了一個小小世界，其象徵作用之大，制造氣氛之容易與豐富，是不難想見的[53]

卽主用典好處在能化平淡爲神奇，使作品顯得老練、機智、富於暗示，增强了詩的效果。劉勰「文心雕龍」事類篇也談到要取資經典：

夫經典沈深，載籍浩瀚，實群言之奧區，而才思之神臯也。揚班以下，莫不取資，任力耕耨，縱意漁獵，操刀能割，必列膏腴。是以將贍才力，務在博見。……凡用舊合機，不啻自其口出。

清趙翼的「甌北詩話」卷十言及「詩寫性情，原不專恃數典。然古事已成典故，則一典已別有一意。作詩者借彼之意，寫我之情，自然倍覺深厚。此後代詩人不得不用書卷也。」更可互相闡明用典之由。前人如胡元瑞「詩藪」、沈德潛「說詩晬語」以及近人范况「中國詩學通論」等都贊同用典。詩人以爲典故的使用是一種技巧，做爲整首詩匠意經營的有機部分，劉若愚先生「中國詩學」言「典故能夠有效地經濟地具體化某些感情和情況，喚起種種聯想，而且擴大詩的意義範圍[54]。」並且由於典故和意象表現、象徵表現在作用上很類似，時常並用以塑造意象，使整個意象具有更大意義，其力量也相對增强。

至於用典技巧，講求自然恰當，誠如袁枚「隨園詩話」所說：「用典如水中著塩，但知塩味不知塩質。」塩溶於水，有味而無迹，用典要能泯然無痕，不可一意湊泊堆砌，如獺祭魚，方不爲人所詬病。李賀詩之用典，常基於內容上的需要，注意「文義結構」意味上的聯繫，造成今昔對比和反諷的效果。談到用典應可分爲「用事」「用辭」兩種，當然，用事用辭並非涇渭分明不可混用，像「自言漢劍當飛去，何事還車載病身」（「出城寄權璩楊敬之」）一聯，首句用劉敬叔異苑言「武庫火燒，漢高祖斬白蛇劍穿屋飛去」之典，次句用詩經邶風泉水「載脂載舝，還車言邁」之詩句化出。現以「用事」方面分別舉例說明如下：

劉徹茂陵多滯骨，嬴政梓棺費鮑魚。（苦晝短）

羲和敲日玻璃聲，劫灰飛盡古今平。（秦王飲酒）

鮑焦一世披草眠，顏回廿九鬢毛斑。（公無出門）

屈平沈湘不足慕，徐衍入海誠為愚。（箜篌引）

買絲繡作平原君，有酒唯澆趙州土。（浩歌）

金家香衖千輪鳴，揚雄秋室無俗聲。（綠章封事）

邊讓今朝憶蔡邕，無心裁曲臥春風。（南園其十）

茂陵劉郎秋風客，夜聞馬嘶曉無跡。（金銅仙人辭漢歌）

主父西遊困不歸，家人折斷門前柳。（致酒行）

相如塚上生秋柏，三秦誰是言情客。（許公子鄭姬歌）

趙壹賦命薄，馬卿家業貧。（出城別張又新酬李漢）

終軍未乘傳，顏子鬢先老。（春歸昌谷）

不謁承明盧，老作平原客。（客遊）

君平久不反，康伯遁國路。（感諷五首之四）

拂鏡羞溫嶠，薰衣避賈充。（惱公）

空留三尺劍，不用一丸泥。（奉和二兄罷使遣馬歸延州）

催榜渡烏江，神騅泣向風。（馬詩其十）

詹子情無限，龍陽恨有餘。（釣魚詩）

飂叔去匆匆，如今不豢龍。（馬詩其九）

泰山之下，婦人夜哭。（猛虎行）

上舉各例皆用典籍、故實，甚或寓言傳說神話等題材，做為用典的材料，徵事比類，綰合題意。如「劉徹茂陵多滯骨，嬴政梓棺費鮑魚」句，用漢武始皇兩帝求長生不老的故事。「屈平沈湘不足慕，徐衍入海誠爲愚」，用屈原憂讒自投汨羅以死事，與徐衍負石入海之事並比，所用典，藉史實材料放置句中，靠特定的字眼如「多、費、不足、誠爲」等字眼來貫串文意，達到「藉事徵意」的效果。致於「用辭」方面，也舉例說明如下：

歸問時裂帛。（客遊）

燈青蘭膏歇。（傷心行）

熊虺食人魂。（公無出門）

幽姿任契濶。（秋涼詩寄正字十二兄）
光風轉蕙百餘里。（河南府試十二樂詞，三月）
陸郎去矣乘班騅。（夜坐吟）
明星爛爛東方陲。（夜坐吟）
羅緯繡幕圍春風。（將進酒）
剪取湘中一尺天。（羅浮山人與葛篇）
自是桃李樹，何畏不成蹊。（奉和二兄罷使遣馬歸延州）
長思劇循環，亂憂抵覃葛。（秋涼詩寄正字十二兄）

上例用辭，都是前人詩文的成辭，經詩人「融化斡旋，如自己出」，也像前引文心雕龍事類篇「凡用舊會機，不啻似其口出」的表現，端賴創作者再推陳出新，以配合詩的內涵情意。李賀截取前人詩句，可看出他詩的淵源，大致喜歡引用楚辭、六朝樂府，與前面所攷詩的淵源相合。如「歸問時裂帛」由江淹恨賦「裂帛繫書，誓還漢恩」化出；「燈青蘭膏歇」由楚辭招魂「蘭膏明燭，華容備些」引出，「熊虺食人魂」也是出自楚辭招魂「雄虺九首，……吞人以益其心些」

；「光風轉蕙百餘里」化自楚辭招魂「光風轉蕙，氾崇蘭些」；「陸郎去矣乘斑騅」出自古樂府明下童曲「陸郎乘斑騅」；「羅緯繡幕圍春風」化自古樂府「繡幕圍香風」；「剪取湘中一尺天」取自杜甫「剪取吳淞半江水」；「自是桃李樹，何畏不成蹊」引自史記李廣傳贊「桃李不言，下自成蹊」。「長思劇循環，亂憂抵覃葛」則模擬傳玄怨歌行「情思如循環，憂來不能遏」及鮑照紹古辭「憂來無行伍，歷亂如覃葛」等，不一而足。

以上所舉都是明顯取自別人詩句，屬於用典方法之一——明典，在語言外在脈絡上，很明顯可以讓人察覺出來。用典另有一方法叫「藏典」，即用典故而藏匿無跡，不易為人所覺。前人很推崇這種技巧，如寒廳詩話談到「作詩用故事，以不露痕跡為高，前人所謂使事如不使也[55]。」故西清詩話推崇杜甫所言「作詩用事，要如禪家語，水中著塩，飲水乃知塩味」一語為「詩家秘密藏[56]」。李賀用典也有用藏典之法，如：

寒鬢斜釵玉燕光，高樓唱月敲懸璫。（洛姝眞珠）

離鸞別鳳煙梧中，巫雲蜀雨遙相通。（湘妃）

花臺欲暮春辭去，落花起作迴風舞。（殘絲曲）

綵線結茸背複疊，白袷玉郎寄桃葉。（染絲上春機）

阿侯繫錦覓周郎，憑仗東風好相送。（春懷引）

橋頭長老相哀念，因遺戎韜一卷書。（南園十三首其四）

月軒下風露，曉庭自幽澀。（房中思）

小雁過鑪峯，影落楚水下。（勉愛行二首送小季之廬山）

惟愁裹屍歸，不惜倒戈死。（平城下）

手持白鸞尾，夜掃南山雲。（仙人）

上例字面上看不出着典之迹，即不知典故也能從字面上去體會其意蘊的。如「寒鬢斜釵玉燕光」句，不知「玉燕」出處，仍能體會美人釵飾之美；「離鸞別鳳煙梧中」一句，不明「離鸞別鳳」乃一樂曲，仍能深入感到凄涼意味。不知「月軒」「幽澀」典出何人詩句，仍能體會到「月軒下風露，曉庭自幽澀」這一聯所寫閨怨佇立中宵的心情。又像「小雁」用「毛萇傳」，「裹屍」用馬援傳「馬革裹屍」等，都能符合詩意而不着痕迹，也豐富了作品的意義。以上所述，是李賀一般用典情形，要想了解李賀詩用典的技巧，仍須由整首詩的結構脉絡來攷察其詩之效果。茲舉「詠懷二首」其一：

長卿懷茂陵，綠草垂石井。
彈琴看文君，春風吹鬢影。
梁王與武帝，棄之如斷梗。
唯留一簡書，金泥太山頂。

通篇以司馬長卿故事作典，雖只用一種典故，却能緊緊扣住主題，暗示作者主觀的感受—慨嘆生不逢時。由首聯長卿閑居起興，次聯言室家之好，雖有文君相伴，心中却有所憾，預設一個無法圓滿的結局，再由後兩聯突接，身前遭梁王和武帝都不知見用，死後雖得以封禮太山，爲時已晚，造成今昔對立和反諷的效果。借相如生平史實之典，反襯李賀牢落不遇的主題，頗切題意而能渾化，既能融合情感而借古喻今，抒發內心鬱結，達到呈露感情的目的，本首詩算是用典成功的例子。又如「南園十三首」其七：

長卿牢落悲空舍，曼倩詼諧取自容。
見買若耶溪水劍，明朝歸去事猿公。

這首詩是李賀詩中很奇特的例子，全首都用典，共有四個典故，和上一首完全由一個典故綰合詩意之例，大不相同。本篇主題如王琦彙解所說「言能文之士如司馬長卿、東方曼倩，猶不能得意於時，況其次者乎？學書何益，不如去而學劍也。」四個典故輻輳「學劍」這個焦點，暗示懷才不遇的悲哀。由前兩句長卿和曼倩的際遇並列排比，顯示學文的無望，造成一種氣氛，象喻著希望的破滅，然後由後兩句買劍習武發展另一番抱負來承接，形成對比，造成矛盾的情境，達到反諷的目的。運用典故能造就深一層的詩歌效果，產生新的意境。李賀詩用典大致都很確當，偶用僻典是一小瑕疵，如「蓮花去國一千年，雨後聞腥猶帶鐵」（「假龍吟」），大體上，李賀用典技巧算是很成功的。

5. 語義類型

「語義類型」依高友工、梅祖麟先生「論唐詩的語法、用字與意象」一文所言，乃是指詩的用語構成相關的意義類型，是近體詩的特色。這種研究方法可以把不同的用字用詞表現手法，加以排比並列，探求它們的通性，如「月」、「雲」、「天」、「白」等與天體有關的字，構成「天體」的語義類型，然後「由語義類型的反映，而把握到一個詩人所常使用的意象類型及意象的風格，進一步亦可窺其心態57。」是探究雕塑意象的一種簡明方法。現依李賀特殊用字意義類型分「意象類型」與意象風格加以探討：

甲、語義類型與意象類型：大致上，意象約可分爲自然界、現實界、超現實界三種意象類型。而超現實界卽是神話意象所表現，較爲特出。李賀由於抑鬱心理，養成幻覺，最喜描摹仙境，故神話意象類型特別豐富，非一般詩人只着重現實自然界意象所及，以下就是李賀詩由神話的語義類型所造成的神話意象類型之例證：

王母桃花千遍紅，彭祖巫咸幾回死。（浩歌）

幾回天上葬神仙，漏聲相將無斷絕。（官街鼓）

猶疑王母不相許，垂露娃鬟更傳語。（神仙曲）

王子吹笙鵝管長，呼龍耕煙種瑤草。（天上謠）

拜神得壽獻天子，七星貫斷姮娥死。（章和二年中）

九節菖蒲石上死，湘神彈琴迎帝子。（帝子歌）

神嗔神喜師更顏，送神萬騎還青山。（神弦曲）

玉宮桂樹花未落，仙妾採香垂珮纓。（天上謠）

王母移桃獻天子，羲氏和氏迂龍轡。（十二月樂詞，閏月）
秦妃卷簾北窗曉，窗前植桐青鳳小。（天上謠）
遙望齊州九點烟，一泓海水杯中瀉。（夢天）
東指羲和能走馬，海塵新生石山下。（天上謠）
女媧煉石補天處，石破天驚逗秋雨。（李憑箜篌引）
夢入神山教神嫗，老魚跳波瘦蛟舞。（李憑箜篌引）
黃塵清水三山下，更變千年如走馬。（夢天）
西母酒將闌，東王飯已乾。（馬詩其七）
神君何在，太一安有。（苦晝短）

李賀張開想像的翅膀，神遊於超現實的神話世界，這些詩句除了說明李賀豐富的想像力，還反映出詩人的某種感情狀態和精神傾向，尤其句中強烈而突出的意象，李賀特殊的時間觀點，連所謂已獲長生不死的神仙都會死，表露出李賀心靈的不安與幻覺，正如黃師永武所說：「幻想與詩，往往是個人潛意識精神活動的外射產物，他幻想著重病纏身，於是外射爲誰都會很快死，神仙也不例外，姮娥也死，南山也死，世上一切原本是虛無的，使自己心裏稍感安慰[58]。」李賀塑造神仙權威來補償自己的慾望，這種心態及詩的表現，除了受他影響的李義山有這種神話意象類型以外[59]，不作第二人想，這類詭秘奇幻的意象類型正是李賀詩最大特色。

乙、語義類型與意象風格：語義類型既在探求詩中某種用字用詞的通性，歸類相同性質的意象，形成詩中特有的意象風格。故只要探討李賀詩中具有何種性質的語義類型，就可以找出李賀詩獨特的意象風格。

(1)表現淒涼變幻的語義類型

李賀詩中有一類像「寒、冷、涼、凍、風、雨、水、光、玉、月」等字所帶給人的感覺，不但透露李賀內心世界的淒冷，而且有變幻無常之感。此類用字太多，僅舉每字數例以概其餘：

十二門前融冷光。（李憑箜篌引）

雨冷香魂弔書客。（秋來）

雌龍怨吟寒水光。（帝子歌）

寒鬢斜釵玉燕光。（洛姝眞珠）

鈿合碧寒龍腦凍。（春懷引）

冰洞寒龍半匣水。（靜女春曙曲）

江上團團貼寒玉。（江南弄）

涼風雁啼天在水。（帝子歌）

憶君清淚如鉛水。（金銅仙人辭漢歌）

曉風飛雨生苔錢。（巫山高）

光風轉蕙百餘里。（十二月樂詞，三月）

双鸞開鏡秋水光。（美人梳頭歌）

神光欲截藍田玉。（春坊正字劍子歌）

月綴金鋪光脈脈。（十二月樂詞，九月）

荒溝古水光如刀。（勉愛行）

隙月斜明刮露寒。（春坊正字劍子歌）

月漉漉，波煙玉。（月漉漉篇）

木葉啼風雨。（傷心行）

雨沫飄寒溝。（崇義里滯雨）

玉沙粼粼光。（蜀國絃）

光露泣幽淚。（昌谷詩）

所舉語義類型所造成的意象，寒氣逼人，有幽森的氣氛彌漫字裡行間。李賀由於懷才不遇，面對人生種種矛盾，透過這些冷、寒、凉、凍等字眼，以烘托他的失意心情，故李賀絕不會輕易失去使用寒冷字的機會。尤以他想像力豐富，對水、光、月三字特別喜愛，差不多每一首都有水字出現，可能因爲水的流動不測給人無限的聯想，以致有「人如水」（「榮華樂」）的感受。另外使用光和月也很多，光有變幻莫測的性質，月有朦朧神秘的蘊藉，配合成月光、星光、水光、甚至神光而「光脉脉」，使詩篇流蕩著一片淒幽迷炫的氣氛，讓欣賞者有不同的感觸。

(2)表現哀愁傷感的語義類型

冷紅泣露嬌啼色。(南山田中行)

泣露枝枝滴天淚。(靜女春曙曲)

芙蓉泣露香蘭笑。(李憑箜篌引)

江娥啼竹素女愁。(李憑箜篌引)

老夫飢寒龍為愁。(老夫採玉歌)

老桐錯幹青龍愁。(官不來)

老兔寒蟾泣天色。(夢天)

衰燈絡緯啼寒素。(秋來)

涼風雁啼天在水。(帝子歌)

孤鸞驚啼商思發。（李夫人）

幽愁秋氣上青楓。（湘妃）

芙蓉凝紅得秋色。（梁臺古意）

光露泣幽淚。（昌谷詩）

竹啼山露月。（黃頭郎）

老去悲啼展。（經沙苑）

衰蕙愁空園。（十二月樂詞，七月）

誰識怨秋深。（巴童答）

露光泣殘蕙。（秋涼詩寄正字十二兄）

班子泣衰紅。（感諷之五）

莎老沙雞泣。（潞州張大宅病酒遇江使寄上十四兄）

李賀也喜用啼、泣、淚等字，詠草木蟲鳥用啼泣字，生活上的感受也用啼泣淚等字，再加秋、愁、哀、怨、衰、殘、老等哀怨凄涼的感覺字，造成哀愁傷感的語義類型。一般詩人雖也以這些字眼入詩，但都偶一爲之，不像李賀那樣常用，甚至一句就並列了兩三個，難怪錢默存氏「談藝錄」以爲：「此皆有所悲悼，故覺萬彙同感，鳥亦驚心，花爲濺淚。」足以說明喜用哀愁傷感語義類型之理由。

(3)表現詭魅譎怪的語義類型

神血未凝身問誰。（浩歌）

海神山鬼來座中。（神絃曲）

夢入神山教神嫗。（李憑箜篌引）

神嗔神喜師更顏。（神絃曲）

骨重神寒天廟器。（唐兒歌）

神光欲截藍田玉。（春坊正字劍子歌）

鬼燈如漆點松花。（南山田中行）

千歲石牀啼鬼工。（羅浮山人與葛篇）

秋墳鬼唱鮑家詩。（秋來）

耕人半作征人鬼。（白虎行）

淒淒古血生銅花。（長平箭頭歌）

暗洒萇弘冷血痕。（楊生青花紫石硯歌）

恨血千年土中碧。（秋來）

青狸哭血寒狐死。（神絃曲）

酒客背寒南山死。（十二月樂詞，二月）

竹黃池冷芙蓉死。（十二月樂詞，九月）

黃河冰合魚龍死。（北中寒）

鬼雨灑空草。（感諷五首其三）

鬼哭復何異。（漢唐姬飲酒歌）

曉雲皆血色。（感諷六首其三）

死處懸鄉月。（感諷六首其二）

在森寒的死亡陰影籠罩下，幾乎讓人窒息。李賀愛用鬼、神、血、死這些字構塑鬼魅的世界，引起感官的震顫，心靈的悸動，他這種詭魅譎怪的意象風格，可說無以倫比，眞正是李賀詩一大特色。至於他何以喜用這類字的理由，王思任的「昌谷詩解序」或許可以解釋，他說：

賀既孤憤不遇，而所為嘔心之語，日益高渺，寓今託古，比物徵事，大約言悠悠之輩，何至相嚇乃爾，人命至促，好景盡虛，故以其哀激之思，變為晦澀之調，喜用鬼字、泣字、血字，如此之類，幽冷谿刻，法當夭乏。

明瞭李賀的心理背景，了解他內心的鬱結，才能打開欣賞李賀詩的門徑。靠語義類型這種歸納功能，顯示詩人之個性的意象，利用這種形成個人文體重要作用的意象，提供了解這個人的線索，才能深入體會李賀的內心世界。

6. 李賀塑造意象之特殊技巧

上述五種塑造意象的方法，大致上，都可作爲研究某一詩人雕塑意象的衡量標準。但李賀之所以爲李賀，除了具備上述標準外，他具有特殊技巧來塑造他詩中獨特的意象，非常人所及。如「隱喻」的使用，使詩充滿暗示性（suggestiveness）和官能經驗的交融（fusion of the senses），具備了象徵主義諸多特質，並符合他們的定義：「企圖透過以特殊的隱喻表現的意念之繁複聯想，來傳達獨特的個人感受[60]。」難怪余光中先生以爲「長吉是屬於現代的，不但意象主義和超現實主義，即使象徵主義的神龕之中，也應該有他先知的地位[61]。」把九世紀初的李賀作品供在二十世紀，一點也不遜色。因爲「中國古典詩很少採用隱喻」，「李賀的詩早就以『奇詭』著稱，大概由於他和別的詩人不同，而大量用隱喻的緣故[62]。」李賀大量用隱喻塑造意象，是詩作風格趨向詭異譎怪的原因，也是他的特色。

談到中國古典詩少用隱喻的說法，西人 Debon Gunther在「有關漢詩面貌與結構的幾點觀察」一文，一方面認爲中國人天性平實，另方面由於文字結構的特殊性，「所以在中國文藝著作中，只有幾個少數常見的定型隱喻[63]。」一生從事翻譯中國詩的英人韋理（Arthur Waley）也有相同的意見：「比喻的手法如隱喻、明喻或其他修辭技巧，中國人遠比我們用得更有節制，隱喻的表現法只偶爾才遇見幾個[64]。」引起高友工、梅祖麟兩先生在「唐詩的語意研究」列一節加以辯白，認爲中國人或許比較不會用顯眼的比喻，但絕不會比西方詩人用得少[65]，其實李賀的隱喻表現法足可證明其所言不誣。

李賀塑造意象的特殊技巧，除了隱喻已獲國外文評家注意，國內的方瑜先生「李賀歌詩的意象與造境」一文談及混成意象和類推比擬意象，其實即是隱喻表現法，一爲動詞爲中心的隱喻，一爲名詞爲中心的隱喻[66]。故李賀詩隱喻手法大致爲人所公認，但他除了隱喻這種表現法，還有多種技巧，依近人張漢良先生「論詩的意象」歸納爲三個範疇—㈠心理上的意象；㈡喻詞（廣義的隱喻）的意象；㈢象徵的意象[67]，剛好可作爲李賀塑造意象特殊技巧的歸類：

①心理意象：本爲五官感覺所造成—視覺、聽覺、嗅覺、味覺和觸覺，爲一般詩人所共具，但李賀却有兩種技巧：一爲加强各種感官意象的補助，一爲接納感官的交綜運用，使意象突出。

②喻詞意象：是詩中最重要的一種意象，「現代文學批評對喻詞意象的區分取自傳統修辭學，重要的有明喻、暗喻（即狹意的隱喻）、替代—包括換喻與部分代全體—和擬人與夸飾；以及

頗爲重要的歧義和矛盾語(68)。」此部分是李賀詩意象最特出的技巧。

③象徵意象：有稱原型意象，因爲原型是普遍的象徵，故採象徵意象說法，也是李賀很特殊的手法。以下謹依項分別舉例說明之。

㈠心理意象方面

文字對各人感官的刺激，造成心理上的圖畫，包括一切五官印象的再現，就是心理意象。故心理意象包括了視覺、聽覺、味覺、嗅覺、觸覺等五官感覺意象，其中以視覺意象最常見。李賀大致都能善用這些感官經驗，如「郎食鯉魚尾，妾食猩猩脣」（「大堤曲」），所描寫的是飲食感官經驗；又如「塘水漻漻虫嘖嘖」（「南山田中行」），是擬聲聽覺意象，可說明他的感官經驗很豐富，近人劉滄浪先生「李賀與濟慈詩中的亞奈科雷昂色彩」一文(69)有專章討論感性可參攷，茲不多贅。本節專論各種感官意象的補助和轉移。

⑴**加强各種感官意象的補助**(70)。

前面說到視覺意象最常見，讀者所看到的僅是形象，爲了使形象立體起來，讓人有親近的實感，必須借助各種感官意象的補助。

蟲響燈光薄，宵寒藥氣濃。（昌谷讀書示巴童）

本首詩乃李賀辭官歸昌谷病愁之作，兩句利用蟲響訴諸聽覺，燈光訴諸視覺，濃濃藥氣訴諸嗅覺和味覺，藉著眼耳鼻舌等感官意象刺激，描劃秋天夜晚讀書病痛凄涼的情狀，更爲眞切，如在目前。又如：

玉爐炭火香鼕鼕。（神絃）

斷燼餘香裊翠煙。（沙路曲）

沈香火暖茱萸煙。（屏風曲）

首句「香鼕鼕」，王琦彙解說「疑有譌文」，周誠眞先生以爲「理不可通」，因爲全首詩都沒有與「鼓」有關的字面，「鼕鼕」二字從何產生？佛洛德森（J. D. Fordsham）在英譯「李長吉歌詩」註這首詩，認爲「這是官能交融，聲音與景物融合而爲一[71]。」三說容或各有見地，個人以爲透過玉爐這個形象，可以想見旺旺的炭火，是訴諸視覺，蒸東西溢出的香氣訴諸嗅覺，以及蒸氣把爐蓋掀動發出呼嚕呼嚕的響聲，正似鼓聲鼕鼕的聽覺意象，這個玉爐可看作「鼓」的形象，「鼕鼕」兩疊字有擬聲作用，正是心理意象中聽覺意象的正規例子，正出於「鼕鼕」的擬聲聽覺意象，整個詩句才鮮活起來。其餘兩句也是藉嗅覺、觸覺來補助，才使意象更逼眞。

(2)轉移感覺的意象

所謂「轉移感覺」，即是五官感覺的轉換，即以一種感覺取代另一種感覺。文評家有稱之爲「共生感覺」[72]或「綜合感覺的隱喻」，劉若愚先生以爲不妥，應稱爲轉移感覺的意象（transaesthetic images）較適當[73]。黃師永武在「談意象的浮現」特別指出李賀最擅長這種技巧：故意將接納感官交綜運用，造成印象與感官間的錯綜移屬，使意象更活潑生新[74]。這種技巧，在修辭學上稱爲「移就」，或叫「遷德」，平常用語也有這種例子，如耳食、食言、言談無味、目擊等，用久即失新鮮感，李賀却擅於此道，試看下列詩句：

簫聲吹日色，（難忘曲）

玉釵落處無聲膩。（美人梳頭歌）

露壓煙啼千萬枝。（昌谷北園新筍）

楊花撲帳春雲熱。（蝴蝶飛）

玉煙青濕白如幢。（谿晚涼）

花光變涼節。（秋涼詩寄正字十二兄）

今朝香氣苦，珊瑚澀難枕。（賈公閭貴婿曲）

松柏愁香澀。（王濬墓下作）

舞裙香不暖，酒色上來遲。（花遊曲）

露光泣殘蕙。（秋涼詩）

冷紅泣露嬌啼色。（南山田中行）

首句「簫聲吹日色」，依黃師永武言，大意是描寫夜以繼日的歌舞。簫聲吹吹吹，吹熄了日光[75]。引起了周誠眞先生的責難，你來我往相互辯答，是近來研究李賀學一段眞實紀錄[76]。周先生「談怎樣重估李賀詩」認爲「簾影竹華起，簫聲吹日色」的意思是：日色中風吹簾動，漾起簾影（「竹華」），而且「吹」出「簫聲」，變成倒裝句。兩說還是以黃師之說爲長，個人以爲參酌姚文燮「送斜陽」的說法，解作「簫聲吹呀吹，一直吹，直到夕陽西下，好像送走了斜陽，吹熄了日光。」簫聲不停地吹，歌舞之人也作樂不停，聽覺已麻木，然後由訴諸天色的視覺意象來承接，彷彿昏天昏地一般，於理較洽。次句言玉釵掉落的聽覺，轉移到滑膩的觸覺上，把美人梳頭那種優雅的氣氛表露無餘。其餘有由視覺感官轉移到聽覺或觸覺，或嗅覺移就味覺觸覺的，黃師永武「談意象的浮現」大文有精闢的解說，茲不多贅。西方的象徵主義普遍用這種技巧，最有名的是波德萊爾（Baudelaire）的「聯繫」（"Correspondances"），請看下例三行：

芬芳、色彩和聲音相呼應。
某些芬芳新鮮如嬰兒之肌膚，
甜美如洋簫，碧綠如草原

常用這種技巧的現代詩人余光中先生，在「象牙塔到白玉樓」一文特別指出李賀詩中充分表現這種特質：「波德萊爾時常將不同的感官經驗交融在一起，以增加彼此的濃度。他曾說，香味芬芳如木簫，翠綠如草原，新鮮如童膚；在短短的兩行詩中，便交融的嗅覺，聽覺，視覺和觸覺(77)。」又藍波（Rimband）的「母音歌」，用五個母音字母分別代表五種色彩，分別轉移為觸覺、聽覺、嗅覺等心理意象，也是一個有名例子，九世紀的李賀運用這種技巧是如此地純熟，可以和十九世紀後期的象徵主義握手言歡，甚至比肩！

(二) 喻詞意象方面

(1) 明喻

明喻，自古以來很常用，「詩經」就用得很多，像「手如柔荑，膚如凝脂」（衛風、碩人），又像「麻衣如雪」、「兩驂如舞」等句，靠一「如」字來比擬，對象直接喻比，故宋人稱為「直喻」，是喻詞最簡單的一種，李賀常用，其他詩人也如此，本不能列為特殊技巧，僅能算是塑造意象的一種方法，但由於文評家對李賀詩中這種方法的運用有不同意見，故特為列出說明：

憶君清淚如鉛水。（金銅仙人辭漢歌）

幽蘭露，如啼眼。（蘇小小墓）

蒲如交劍風如薰。（十二月樂詞，二月）

一心愁謝如枯蘭。

衣如飛鶉馬如狗。（開愁歌）

新桂如娥眉。（房中思）

例子很多，僅討論前兩句。首句「憶君清淚如鉛水」，淚和水同性質，以鉛水的沈重感來比清淚，對象明顯，應屬明喻，方瑜和李一恆兩先生都列此句爲類推比擬意象[78]，而類推比擬意象是以名詞爲中心的隱喻，隱喻和明喻是有分別的，西人 Debon Gunther 在「有關漢詩面貌與結構的幾點觀察」一文，指出兩者之區別，在一「如」字，明喻是隱喻的前身[79]，故列爲明喻意象較妥。次句「幽蘭露，如啼眼」，姚克教授「李賀歌詩散論」以「啼」代替「秋水」和「秋波」，「如啼眼」就變成了「像水汪汪的媚眼」[80]，周誠眞先生不以爲然，以爲是「啼泣的眼」[81]，水晶先生『如「啼眼」之「題眼」』也解爲「啼哭的眼睛」[82]，個人以爲後一說較妥，幽蘭上的露水和眼淚同性質，以啼哭的眼睛來比幽蘭上的露水很貼切，不會感到像水汪汪媚眼那樣做作，而且符合明喻的條件。由此可知，明喻雖不算特殊技巧，但仍得講究是否切合詩意。

(2) 隱喻

詩人運用隱喻的目的，主要藉隱喻的手段表達特殊的或新鮮的感受與經驗。依李賀的性格言，他愛用隱喻乃在表現他與衆不同的「奇詭」風格之手段，難怪他在隱喻意象的技巧上超過其他詩人很多。W.C. Golightly著有「李賀詩中的超現實意象」[83]言及李賀獨創他自己的秩序和法則，利用象徵主義主張的官能經驗交融，透過隱喻技巧抒寫他自己獨特的超現實自我，故探討隱喻技巧才能洞見李賀詩超現實意象的眞相。

隱喻主要有兩種：以名詞爲中心的隱喻以及以動詞爲中心的隱喻[84]。前者係着重名詞的隱喻，利用指示法、繫詞法、使成法、歸屬法[85]，以使手段（Vehicle）與寓意（Tenor）都出現的隱喻。後者係着重動詞的隱喻，因爲動詞對於隱喻的造就比形容詞等詞類重要，比如杜甫「雲籠遠岫愁千片」中「雲」「愁」並列，顯不出比較的焦點，必須用了動詞「籠」，使各詞有所依附，隱喻的性質才能產生，可見以動詞爲中心的隱喻較重要。方瑜先生探討李賀歌詩的意象，列有類推比擬意象和混成意象，就其界定之定義區分，前者應屬以名詞爲中心的隱喻，後者是以動詞爲中心的隱喻，現在分別舉例說明如下：

①類推比擬意象（以名詞爲中心的隱喻）：

隱喻一詞，亞氏「詩學」解作「類推」[86]，故類推比擬意象是隱喻正格，錢默存氏最先注意到李賀有這種特殊技巧，「談藝錄」云：「長吉比喻之法，尙有曲折。夫二物相似，故以此喻彼。然彼此相似，祇在一端，非爲全體。苟全體相似，則物數雖二，物類則一；旣屬同根，無須比擬。長吉乃往往以一端相似，推而及之於初不相似之他端，……所謂雪山似象，可長尾牙；滿月似面，平添眉目者也[87]。」即以大異而小同之兩物，以其「部分相似之點（analogy）」做爲橋樑，類推其大異之處，也具有相似性質，注重名詞物態的類比。高友工先生稱此種爲「擴大的隱喻」，靠「神話性思攷方式先建立起對等關係，然後理論性思攷輔之以推理的成分[88]。」茲舉數例說明如下：

銀浦流雲學水聲。（天上謠）

銀浦卽是銀河，既言「河」，河中必定有水，其實天河中的水就是雲，雲能動，加一「流」字形容詞更有動感，像水一樣具有流動的特性，雲卽可比水，水有聲音，那麼流雲也如水流而有聲音了。又如：

羲和敲日玻璃聲，刦灰飛盡古今平。（秦王飲酒）

上一句，把太陽比喻爲玻璃，因爲兩者同具光明、耀眼的物性。羲和敲打著太陽時發生如敲打玻璃的清脆聲音，著重名詞物態的類推比喻。下一句，「刦」係時間範疇，「平」乃空間中事，刦燒之後，必有餘灰，空間中的灰可以掃平，那麼時間也可以像空間的灰一樣可以掃平了。再舉兩句：

欲剪湘中一尺天。（羅浮山人與葛篇）

春風吹鬢影。（詠懷二首之一）

前一句，「欲」係虛擬語氣，明顯表示比擬性質，靠「剪」和「一尺」把葛布的瑩白和湘水的清澄類推比擬，使葛布同樣有天光瑩白光潔的特質，此處動詞「剪」雖擔任比擬，但所重乃在名詞葛布和天光性質的類比，故仍應屬類推比擬意象。次句，以春風有動的性質，也能吹鬢，靠「鬢動」，鬢影也跟著動，春風好像直接吹動了鬢影，所重乃在春風的搖曳之姿，而非動作，故仍屬類推比擬意象。

②混成意象（以動詞為中心的隱喻）：

余光中先生首先發現李賀有這種本事：在呈現一個意象的時候，把二個不同的感官經驗藉由類比而混成一個複雜的情境，而達成極爲濃縮的效果[89]。我們稱它爲混成意象，大致靠動詞來造就隱喻的效果，故把混成意象歸屬於以動詞爲中心的隱喻。以下試舉例說明：

石澗凍波聲。（自昌谷到洛後門）

十二門前融冷光。（李憑箜篌引）

玉輪軋露濕團光。（夢天）

紅花夜笑凝幽明。（十二月樂詞，十月）

黑雲壓城城欲摧。

首句是典型混成意象，余光中先生註解最爲深入，今錄於此：『「石澗凍波聲」一句中，液體的水波凝結成固體的冰；這原是視覺與觸覺的變化，可是連帶將聽覺的「波聲」也給凍住了。用一個「凍」字，代替了結冰和寂靜的兩態[90]』，也卽將不同的感官經驗加以混融，靠一動詞「凍」來表現，使物態更鮮明突出。次句言音樂的力量甚至能「融冷光」，使聽覺、觸覺、視覺交錯綜合，使無理不可及的「光」，似乎被音樂所融，而爲人所觸及。其餘三句用濕、凝、壓三字來强調、混融各種感官經驗，使詩句增加濃度而能具體化起來。W.C. Golightly 指李賀這種技巧是「超現實」詩的特質，也影響了杜牧和李商隱，甚至一脈傳遞到今天的現代詩人[91]，足見混成意象技巧是李賀的巧藝。

(3) 替代（換喻，代詞）

替代，本由隱喻變化而出，屬於以名詞爲中心的隱喻，修辭家把它列爲另一類，包括簡單的替代法和部分代全體(如「江樓曲」的「抽帆歸來一日功」，以帆代船。)兩種方法。李賀擅長簡單替代法來造就新鮮的隱喻，「他在詩中，往往避免直呼物名，自撰新詞（亦即所謂代字）以形容其質感⑨。」講求暗示性，和西洋象徵主義特質相近。茲擧例如下：碧虛（代替水），圓蒼（天），琥珀（酒），冷紅（花），寒綠（春草），吳刀或寒玉（月），玉龍（劍），玉煙青濕（銀河）等等。

這種簡單替代法的隱喻技巧，其他詩人用得很多，如「玉輪」「明鏡」指月亮，或以「秋波」指女人的眼睛，隱喻一經久用，會失去新鮮性，容易形成套語。李賀擅長這種技巧，故特立一節說明。

(4) 夸飾

文心雕龍「夸飾篇」言「因夸以成狀，沿飾而得奇」，意在誇大形容，美飾文辭。夸飾用爲李賀詩中特殊技巧，乃以李賀好用這種超乎情理之外的「誇張意象」。黃師永武「談意象浮現」也主張「把握物象的特徵，窮形盡形地誇大其特徵，可以使意象躍現出來⑬。」有稱爲「擴張意象」的，李賀詩中多的是這種「誇張意象」的例子，如：

梁王台沼空中立，天河之水夜飛入。（梁臺古意）

堯舜至今萬萬歲，數子將為傾蓋間。（相勸酒）

方花古礎排九楹，刺豹淋血盛銀甖。（公莫舞歌）

端州石工巧如神，踏天磨石割紫雲。（楊生青花紫石硯歌）

太華五千仞，劈地抽森秀。（贈陳商）

淒淒四月闌，千里一時綠。（長歌續短歌）

思牽今夜腸應直。（秋來）

南風吹山作平地。（浩歌）

有空間或程度的誇大，甚至是時間的誇大，靠渲染誇張手法，使意象躍現出來。以上都是詩中一兩句擴張意象，李賀甚至有整首詩都採用這種手法的，「北中寒」即是顯例：

一方黑照三方紫，黃河冰合魚龍死。
三尺木皮斷文理，百石強車上河水。
霜花草上大如錢，揮刀不入迷濛天。
爭瀯海水飛凌喧，山瀑無聲玉虹懸。

整首詩透過各種外在景物的誇張，集中描繪酷寒，使意象立體起來，予人感受更爲深刻。冷冷冷，冷得黃河河面結冰封死了魚龍，連厚達三尺的樹皮都凍裂了，百石大車竟然可以在河面上走，草上的霜花像錢那麽大，灰濛濛的天，雲層厚得連刀也刺不進去，海水被凍得互相推擠凌躍喧騰，最後連瀑布也給凍住了，「無聲」兩字像休止符，使一切靜寂，只有瀑布凍成一條白色的虹懸掛在那兒。描畫一層深似一層，余光中先生認爲伸手可觸的突出紙面的意象，直逼眉睫，不遜法國「高蹈派」或美國「物象主義」，比意象派詩人的詩更濃縮自然㉞。

(5) 擬人

擬人是自古以來最爲人常用的喻詞意象，包括植物，無生物甚至抽象觀念的擬人手法，其方法是靠相反的比擬，發揮想像力，在「感情的錯覺」（Pathetic Fallacy）之下，使意象展現出來。李賀也用這種技巧，而且用得很新鮮，例如：

芙蓉泣露香蘭笑。（李憑箜篌引）

釭花夜笑凝幽明。（十二月樂詞，十月）

宜男草生蘭笑人。（十二月樂詞，二月）

藍溪之水厭生人。（老夫採玉歌）

上之回，大旗喜。（上之回）

首句描寫植物受到音樂的感動，或悲如芙蓉泣露，或喜如香蘭含笑，意象更爲鮮活。次句，釭花即燈花，夜晚點燈花，亮起來，像一朵笑靨迎人。其餘三句言蘭會笑，水討厭人，大旗也有喜怒，眞匪夷所思，意象凸出，讓人又驚又喜。

(6) 矛盾語

矛盾語，是新批評學派很重要的術語，布魯克斯主張詩的語言就是矛盾語言（The Language of Paradox）[95]。Paradox可譯作「矛盾」，有譯爲「似非而是」，或「既謬乃眞」，亦即表面上不近情理，而感受上却甚神似，前人有稱之爲「無理而妙」，或稱「反常合道」，詩人玉屑卷十引蘇東坡話說：「詩以奇趣爲宗，反常合道爲趣」，黃師永武加以闡述：『他說的「反常合道」，即是一反日常的陳舊句式與陳舊想像，寫出與常理彷彿相反的詩句，從「脫腸俗口」的立場看，像是不合世情常理，從詩人的靈思看却是合理愜意的[96]。』清人史梧岡「西青散記」也有類似看法：「詩以無爲有，以虛爲實，以假爲眞，每出常理之外，極世間癡絕之事，未妨形之於言。」這種看法即是詩的反邏輯性，現代詩人有稱之爲「形上的比喻」，乃因形上比喻有「似非而是」的特性，常被認爲不合邏輯之故。其實在唐詩名句也有這種例子，如「白髮三千丈，離愁似個長」「山從人面起，雲傍馬頭生」「江流天地外，山色有無中」，葉維廉先生加以說明：『每一景中均有一種不容置信的無稽（如用理智分析的話），但每一景緻均有其微妙的「眞實性」[97]。』難怪新批評推崇矛盾語，李賀也喜用這種技巧去塑造意象，試看下面例子：

幾回天上葬神仙，漏聲相將無斷絕。（官街鼓）

天若有情天亦老。（金銅仙人辭漢歌）

簾外嚴霜皆倒飛。（夜坐吟）

酒客背寒南山死。（十二月樂詞，二月）

今古何處盡，千歲隨風飄。（古悠悠行）

空光遠流浪。（古悠悠行）

王母桃花千遍紅，彭祖巫咸幾回死。（浩歌）

月午樹立影。（感諷其三）

冷翠燭。（蘇小小墓）

首句是一個很成功的矛盾語意象，連獲得永生、長生不老的神仙，也會死，神仙鬥不過時間的洪流，造成一種强烈的對比，使人驚覺，而達到反諷的效果。余光中先生認爲這兩句「包涵了一個具有喚引特性的矛盾語法，而此矛盾語法的決斷性在中國古典詩中是無與倫比的[98]。」次句預設一個不可能企及的情境，天本無情，天如有情，也會像有情之物一樣老去，由於事實上之相反情境，構成拍擊力，形成詩的張力。難怪司馬溫公「續詩話」認爲此句奇絕無對。簾外嚴霜不可能倒飛，由於歌聲奇妙使嚴霜都感動得倒飛起來，看似無理，却都有其可能性。其餘的如：象徵長壽的南山會死，今古時間會過完，空光會流浪遠行，午夜樹會立影，甚至點著的翠燭是冷的。這種種情境的喚起，能造成兩種詩的效果：一是驚覺（wonder），使讀者在意外的驚愕中，享受詩的美感；一是反諷（irony），造成詩的張力和戲劇效果的呈現。

李賀擅用這種技巧，是造成他風格譎怪的主要原因之一，余光中先生稱他是超現實主義的先驅[99]，主要是基於下面的看法：『超現實主義表面無理但內含物之眞象，實在可以說同源於「矛盾語法的情境」[100]。』李賀有過人的想像力，塑造矛盾語意象，中國詩人無人能出其右，先驅之名，李賀當之無愧。

三 象徵意象方面

一般說來，任何意象，祇要納入意象結構，便會逐漸呈現象徵意義，文評家稱「討論意象而不涉及象徵是不可能的」（Kenneth Burke 語），顯示出詩人個性的意象接近於個人象徵，甚至並用，同一字句同時具有意象和象徵兩種作用。例如柳、雁或落花不僅做爲意象幫助寫景，而且分別象徵離別、流浪和時間的過去，達到双重目的：描寫外界的景與表現內在的感情經驗，可見意象和象徵的作用相同。故各單獨意象之間應把兩者密切關係組成起來，朝定向發展，而構成象徵意象[101]。

劉若愚先生以爲象徵有兩種：因襲的象徵與個人的象徵。前者如表示愛情的玫瑰或鴿子是和平的象徵。而個人的象徵是詩人用以表現一種心境，一個世界觀，或者他本身之個性的象徵，可以是有意識或無意識的使用。他舉出杜甫「畫鷹」以及「房兵曹胡馬」兩首詩，以爲「鷹」成爲英勇的力和猛烈的美之象徵；「馬」成爲詩人所讚賞的某些特性—勇敢、忠誠、力量—的象徵[102]。

李賀有馬詩廿三首，以及說到馬的詩句有六十句之多，依葉慶炳先生「說李賀馬詩二十三首」，認爲「首首說李賀自己，首首寓有他懷才不遇的悲慨[103]。」試舉三首以明之：

此馬非凡馬，房星本是星。向前敲瘦骨，猶自帶銅聲。（其四）

赤兔無人用，當須呂布騎。吾聞果下馬，羈策任蠻兒。（其八）

武帝愛神仙，燒金得紫煙。廐中皆肉馬，不解上青天。（其二十三）

第一首言李賀自負不凡以馬自況；次首赤兔也是李賀自況；最後一首也以個人懷才不被見用爲喻，朝定向發展，駿馬神雖變成李賀本身個性的象徵—懷才不遇。又如李賀詩中的鏡子意象，李瑞騰先生「說鏡」一文以爲是原型意象[104]，「原型」也是「普遍的象徵」[105]，表達了大部分人類相同或相似的意念，故鏡子意象也是象徵意象：

長眉凝綠幾千年，清涼堪老鏡中鸞。（貝宮夫人）

双鸞開鏡秋水光，解鬟臨鏡立象牀。（美人梳頭歌）

銅鏡立青鸞。（謝秀才有妾縞練，其二）

由於鏡子有反光及照影兩種功能，配合著臨鏡時的內心情境，表現一種「顧影自憐」的心境。以上三首都是美人臨鏡自憐的情緒反應，朝向年華易逝這個定向，構成李賀本身一種心境的象徵意象—顧影自憐。李賀象徵意象除了馬、鏡子外，尚有「水」、「日」等，以自古以來其他詩人偶有用之，故不多贅。

以上所舉，從心理、喻詞以至象徵意象，雖然分別敍述，但並非絕對畛域，彼此不但不排斥，反而密切相關，以下討論意象結構即可證明。

二、意象結構

意象結構是「意象語聯成的一個格局，甚至全篇的意象語都攏括其中。要組成一個意象結構，納入其中的成員必須互相呼應關連⑯。」首節舉例分別對李賀詩的意象作了分析性的討論，缺乏整體性的省察和觀照。故探討意象結構，其目的在省察整體的意象效果，必須以全詩為單位，找出全詩所有意象共同構成一個與整首詩意義互相應合的結構。以下試以李憑箜篌引為例，說明如下：

吳絲蜀桐張高秋，空山凝雲頹不流，江娥啼竹素女愁，李憑中國彈箜篌。崑山玉碎鳳凰叫，芙蓉泣露香蘭笑。十二門前融冷光，二十三絲動紫皇。女媧鍊石補天處，石破天驚逗秋雨，夢入神山教神嫗，老魚跳波瘦蛟舞。吳質不眠倚桂樹，露脚斜飛濕寒兎。

這首詩可視爲李賀詩中的代表作，詩中意象語各有特色，如「空山凝雲頹不流」靠凝重動詞把握氣氛，「崑山玉碎鳳凰叫」由金石硬性物來形容；「十二門前融冷光」是聽覺、觸覺、視覺交錯的喻詞意象；「芙蓉泣露香蘭笑」是擬人化意象；再加神話意象類型的江娥、素女、女媧、紫皇、神嫗、吳質，『這些雖屬異類，而李賀却能組合成一「同類情境」(homogeneous mood)的意象[107]。』即一個個意象貫串成整個意象格局，用來幅射呈現整首詩所欲表達的音樂的感動。

首四句除了一、四兩句表明彈奏的人時地及其所用樂器佳妙外，都在摹寫音樂的美妙和力量。第五六句寫動植物也受到音樂的感動，七八兩句甚至描寫音樂的力量能「融冷光」，再以下四句透過李賀過人的想像力，音樂的力量竟然能逗秋雨，使神嫗感動，連老魚、瘦蛟都受到感染而起舞，最後兩句寫到吳剛受到音樂感動，倚著桂樹而不眠，痴吟中宵。整首詩係由詩人想像摹寫音樂的感動，透過各種意象的貫串呈露，整個意象格局達到魔幻如夢，却又那麼直接，有如身歷其境一般，而臻及藝術技巧的最高境界。再看下一首：

古悠悠行

白景歸西山，碧華上迢迢。今古何處盡？千歲隨風飄。

海沙變成石，魚沫吹秦橋。空光遠流浪，銅柱從年消。

這首詩主要描寫時間對物質世界的影響，著力描寫宇宙的幻滅感。從題目「古悠悠行」到「白景歸西山」、「今古何處盡」、「空光遠流浪」都是矛盾語法，透過這些超現實的詩行，好像置身一個魔幻的世界。時間的抽象概念，由物質世界所塑造的意象，如「海沙變成石，魚沫吹秦橋」及「銅柱從年消」等物質變化的意象來襯托彰顯出來。故這首詩是由超現實和現實物質界的意象，虛實相生而構塑成的，一個沒有眞實性存在的眞實世界！

綜合以上李賀詩的意象結構的探討，大致都能符合要求——統一而嚴密的意象結構。

【附註】

①村野四郎著，陳千武先生譯，現代詩的探求，頁四一。

②引自李英豪先生「批評的視覺」，頁九六，（文星書店版）。

③劉文潭先生「現代美學」，頁一〇四，（商務版）。

④同註①頁六〇。

⑤同註①頁四二。

⑥同註①頁五五。

⑦引自張淑香先生，李義山詩析論，頁一〇。近人對詩的語言有系統研究，當屬劉若愚先生的「中國詩學」以及高友工、梅祖麟兩位先生合作的「論唐詩的語法、用字與意象」、「唐詩的語意研究」，葉維廉先生「秩序的生長」，黃師永武的「中國詩學」等篇。而張先生當係採擷衆長，自成一家，所擬詩的內在研究體例完備，旁徵博引更其餘事，本文採擇參考很多，併此說明，並致謝意。

⑧王夢鷗先生譯「文學論」，頁三五〇，（志文出版社版）。

⑨引自張漢良先生「現代詩論衡」頁一，（幼獅書店版）。

⑩姚一葦先生「文學論集」頁三七，（書評書目社版）。

⑪傅孝先先生「困學集」頁二四七「意象派」，（時報出版公司版）。

⑫余光中先生「掌上雨」頁九「論意象」，（文星書店版）。

⑬新亞書院學術年刊第三期頁二。

⑭黃師永武，中國詩學設計篇頁三（巨流圖書公司版）。

⑮高友工、梅祖麟先生「論唐詩的語法、用字與意象」一文，刊黃宣範「語言學研究論叢」頁三〇四，（黎明文化公司）。

⑯同上註。

⑰葉維廉先生，秩序的生長，頁九五，（志文出版社）。

⑱同上註。

⑲中外文學月刊第八卷第九期，頁二〇。

⑳同上註頁十九。

㉑同註⑮頁二六五。

㉒廣文書局詞話叢編，頁四二四四，人間詞話卷上。

㉓同註⑮頁二六六。

㉔錢鍾書「談藝錄」頁五八，（明倫出版社）。

㉕同註⑭頁八。

㉖同註㉔頁六〇。

㉗同上註。

㉘同註⑮頁二八四。

㉙引自王解本頁二三，趙宧光「彈雅」所引放翁語。

㉚參考羅聯添先生「唐代文學論著集目」及杜國清先生「李賀研究的國際概況」現代文學復刊號第二期，頁一三五，Ⅱ統計分析。

㉛引自馬楊萬運先生「李長吉研究」頁二九。

㉜同註㉔頁六〇。

㉝同註⑦頁二七。

㉞周誠眞先生，李賀論，頁一四六，（文藝書屋）。

㉟淸詩話頁八三〇，（明倫出版社）。

㊱林書堯先生，色彩學概論，頁一〇二，切斯金語。

㊲同上註頁九四。

㊳洪爲法氏，談文人，頁五二，談李賀之死，（華夏出版社）。

㊴李一恆先生，李賀詩析論，頁三三，六十八年台大碩士論文。

㊵同註㊳頁五三：「他自以爲神聖光明，偏是遭逢到窮愁潦倒，因而他便幻想出一個神聖光明的天上，以爲那才是理想的世界。他在這一方面，實在是做著白日的夢。」

㊶鄭騫先生，從詩到曲，頁一一六，（科學出版社）。

㊷同前註。

㊸同註㊱頁九二。

㊹宋琬昌谷集注序。

㊺方瑜先生，李賀歌詩的意象與造境，頁二五。

㊻文心雕龍辨騷篇。

㊼唐音癸籤卷七。

㊽蘇師雪林「唐詩概論」，頁一六七。

㊾同註㉔，頁六十。

㊿林以亮編，美國詩選，頁二十，（今日世界社版）。

(51)同註㉞。

(52)劉若愚先生，中國詩學，頁二一五。

(53)徐復觀先生，中國文學論集，頁一二八。

(54)同註(52)，頁二二二。
(55)清詩話（明倫版），頁八五。
(56)轉引自朱任生氏「詩論分類纂要」，頁三四三。
(57)同註(50)，頁四四。
(58)黃師永武，中國詩學思想篇，頁二一三
(59)同註(50)，頁四六。
(60)引自余光中先生消遙遊，頁九二，批評家威爾遜語。
(61)同上註，頁九一。
(62)引自中外文學四卷四期，頁七四，Debon Gunther 的「有關漢詩面貌與結構的幾點觀察」。
(63)同上註，頁七三。
(64)引自高友工、梅祖麟先生「唐詩的語意研究」先生，刋黃宣範「翻譯與語意之間」頁一六〇。
(65)同上註，頁一六一。
(66)同上註，頁一五七。
(67)同註⑨，頁五。
(68)同註⑨，頁十七。
(69)詩學第二輯，頁二一七。又見64年東海中研所碩士論文。
(70)同註⑭，頁一三。此處參考引用很多，特此致謝。
(71)上列三說引自周誠眞先生「談怎樣重估李賀詩」，幼獅月刊四十四卷三期，頁七二。
(72)同註(67)，頁一五。

⑦③同註⑤②，頁一六五。

⑦④同註⑭，頁一七。

⑦⑤同註⑭，頁一八。

⑦⑥請參考周誠眞先生「談怎樣重估李賀詩」（幼獅月刊44卷3期）、幼獅月刊44卷4期「書簡欄」、幼獅月刊45卷1期周誠眞『與黃永武先生談「譬喩」的問題』、黃師永武『「直賦」勿作「譬喩」解』等四篇。

⑦⑦同註⑥⓪。

⑦⑧見方瑜先生「李賀詩的意象與造境」頁一四，李一恆先生「李賀詩析論」頁四一。

⑦⑨同註⑥②，頁七三。

⑧⓪詩學第二輯，頁一八一。

⑧①周誠眞先生，與姚克先生論李賀詩（刊明報月刊）。

⑧②水晶先生，蘇打水集，頁七九。

⑧③刊幼獅文藝二三三期，頁四。

⑧④高友工、梅祖麟兩先生「唐詩的語意研究」，刊黃宣範「翻譯與語意之間」頁一五七。

⑧⑤同上註，頁一六二。

⑧⑥姚一葦先生譯，詩學，頁一六八。

⑧⑦見錢氏「談藝錄」頁六〇——六一。

⑧⑧同註⑧④，頁一九八。

⑧⑨同註⑧③，頁一三。

⑨⓪同註⑥⓪，頁九二。

91 同註83，頁一三。
92 同註60。
93 同註14，頁三三。
94 同註60，頁九○。
95 顏元叔先生，文學的玄思，頁一四五。
96 同註14，頁二五○。
97 秩序的生長，頁一二七。
98 引自「李賀詩中的超現實意象」，刊幼獅文藝二三三期，頁一二。
99 同註60，頁八八。
100 同註97。
101 本節參考張漢良先生「論詩的意象」和劉若愚先生「意象與象徵」（刊中國詩學）。
102 同上註，劉先生中國詩學，頁二○二—二○五。
103 唐詩散論，頁一六五。
104 刊現代詩導讀，頁二三一。
105 轉引自關文傑「試用原始類型的文學批評方法—論唐代邊塞詩」，中外文學四卷三期，頁一二六。
106 顏元叔先生，文學經驗，頁七二。
107 同註98，頁一一。

第二節　李賀詩的音樂性——節奏

詩向來被視爲語言的藝術，「詩作既然使用語言那也就是聲音的世界。一篇詩作是一團聲音的聚集。…因爲語言這種記號是由聲音和概念所形成的①。」一般人總認爲語言的作用是依據特有的「意義性」，才能傳達人的思考和感情，但實際上，不僅限於意義，更需加「音響」的傳達機能，始克厥成，故意義性和音響是語言機能的兩個要素。淸人沈德潛「說詩晬語」也談到：

詩以聲為用者也，其微妙在抑揚抗墜之間，讀者靜氣按節，密詠恬吟，覺前人聲中難寫、響外別傳之妙，一齊俱出。⑵

這一段話充分說明了聲音的抑揚頓挫和詩的關係，村野四郎也認爲『「音響」從內面支持「意義」，成爲意義的一部分向外傳達我們的思考或感情③。』音響這種「內在的支持」，使情緒呈露，必須講求「詩的音樂性」才能達到。

回溯歷史，詩與樂本來就有極密切關係，古來詩、樂、舞原是三位一體的綜合藝術，三者都離不開「節奏」，後來雖分立，節奏仍爲公同的要素④。音樂靠節奏是人所共知的，那麼詩具有節奏，節奏是什麼呢？劉燕當先生在「詩與音樂」專文闡述甚詳：

「節奏」（rhythm）或稱「韻律」，或音譯「律動」，是一種有規律，有次序又繼續不斷的活動。…以詩來說，節奏是一種定期強勢法(periodical emphasis），也是字音在聲音關係上的排列。詩中表現節奏最明顯的是格律和韻脚，有了這些，詩才能抑揚宛轉，均衡流暢，所以名詩人愛倫坡（Allen poe）說：「詩是美的韻律的創造。」⑤

可見節奏是詩的內在素質（innate quality），詩的節奏不如音樂節奏那般呈露，却像暗流式的湧動，從內支持字義的傳達，故葉維廉先生以爲詩亦是一種「流動的」心象的藝術⑥，「詩的音樂性」即是以其心象的動向爲依歸，藉節奏和音調的「和諧」（Melody）來表現。爲了詩節奏的控馭，往往制定若干繩法以豐富詩音色上的美感，比如平仄的替用，韻脚的諧和等，有時往往也活用句式句法，使節奏富於變化，以呈露情緒，達到詩語言節奏的效果。

劉勰文心雕龍聲律篇言「同聲相應謂之韻，異音相從謂之和。」近人郭紹虞氏有很深入的解說：

這兩句話很能包括一切音節的成分。由音節言必須有節奏，而節奏的表現卽在於相當距離上能有有規則的重複。重複的表現又有賴於這所謂相當的距離中間每一音節單位之變化。所以同聲相應之韻必得異音相從之和而始顯。……一方面同聲相應，一方面異音相從，利用同聲相應以求其重複，利用異音相從以見其變化，一經一緯而後音節以成。⑦

郭氏乃認爲「同聲相應」是詩中所押的韻；「異音相從」是詩的平仄，可見平仄是音節之間的安排，韻是聯與聯之間韻脚的相押。平仄聲調與押韻，是詩的主要音樂節奏，另外還要注意句式句法所產生的音樂效果，以下卽本此四要素來探討李賀詩的節奏表現。

一、平仄

「詩無聲調、音節，不足以爲詩，而聲調音節，以平仄爲總持。無平仄，是無聲調音節也⑧。」可見平仄的重要性。近人王了一氏認爲「平仄是一種聲調關係」，『聲調自然是以「音高」爲主要特徵，但是長短和升降也有關係』，故平仄遞用就是「長短遞用，平調與升降調或促調遞用」，以構成詩的節奏⑨。郭紹虞氏也贊同其說，認爲平仄之相對，本屬音之長短輕重兩項要素⑩，其實早在明朝的謝榛，已注意到平仄四聲調配的問題，他說：

談詩法，妙在平仄四聲而有清濁抑揚之分。試以東董棟篤四聲調之，東字平平直起，氣舒而長，其聲揚也。董字上轉，氣咽促然易盡，其聲抑也。棟字去而悠遠，氣振愈高，其聲揚也。篤字下入而疾，氣收斬然，其聲抑也。夫四聲抑揚，不失疾徐之節，唯歌詩者能之，而未知所以妙也。⑪

謝榛又從抑揚上來辨別四聲不同與情緒上的差異：「夫平仄以成句，抑揚以合調，揚多抑少則調勻，抑多揚少則調促⑫。」黃師永武則認爲『情緒平穩時可用抑揚相稱的節奏，情緒激動時，自宜破壞平衡的抑揚旋律，不妨用抑揚太過的節奏。…隨着詩意中情緒的轉換，各有它動人的音節，又何必拘泥「抑揚相稱」的「定法」呢⑬』講平仄除了格式要講求外，仍要注重平上去入四聲的調配，以呈露詩的情緒。李賀詩約二百四十首，其中一百六七十首都是古體樂府，其餘七十餘首是五律、五絕、七絕，沒有七律。古體詩約佔全集的三分之二，故先看看李賀古體詩的情況。

古體詩不像近體詩有嚴格的平仄格式，甚至不談平仄，洪爲法氏「古詩論」即認爲：「論古詩的聲調，本不應滯於平仄的漩渦裏打轉，古詩原就無平仄之說。…但是古詩雖不限定平仄，卻自有其自然諧和之聲調音節。這自然諧和之聲調音節，乃是隨著作者感情的波動血脉的漲弛而變化⑬。」所說和前面的說法不謀而合，古體詩平仄的運用，但求口吻調利，隨著詩意中情緒的轉換而調配平仄四聲，以發揮詩的音樂性。例如：

十二月樂詞，正月

上樓迎春新春歸，暗黃著柳宮漏遲。薄薄淡靄弄野姿，寒綠幽風生短絲。錦牀曉臥玉肌冷，露臉未開對朝暝。官街柳帶不堪折，早晚菖蒲勝綰結。

朱氏「文藝心理學」在「美感與聯想」一章裡曾特別析論這首詩，指出在詩本身的音樂中，也可以領略到早春的情趣。他認爲：前二句的輕脆淡遠的風味是由「薄薄」疊字，首六字全用仄聲，以及「靄」、「野」兩個柔和而響亮的上聲所傳出來的，後二句的紆遲、陰森、幽靜的風味是運用「幽」「風」「生」「絲」四個陰平聲所傳出的⑭。已大致說明平仄四聲的調配能呈露詩中的情緒。周誠眞先生「李賀論」認爲這首詩的音節重要性還不止於此，更重要的是音節在情調變化裏的作用⑮。他的解析很深入，文長不全錄：像在音節上，次句「黃」和「遲」都是陰平，與首句的連用四個陽平比對之下，有紆緩的感覺。首句六字皆平，以及「春」字的隔字疊用，與第三句的六字皆仄，以及疊用「薄」字，在音節上是對比而又相聯的。第三句是六字皆仄，第四句却有五個平聲，並且「幽風生」三字皆平，活躍的意味也隱隱從音節裡透出，整首詩給我們的節奏感，是由緩徐轉爲緊促，但是結尾又似是緊促中帶清揚。這裡僅抄出談到音節的字面，已可看出平仄在古體詩中較有發揮的餘地，也能配合詩意而轉換，「正月」這首詩是李賀詩中顯例，故不憚煩加以論列。以下再看五絕、七絕、五律的平仄情形：

昌谷讀書示巴童

蟲響燈光薄。宵寒藥氣濃。

君憐垂翅客，辛苦尚相從。

這是一首仄起押平韻首句不押韻式的五絕，全首僅第一句和第四句的第一個字「蟲」「辛」不合格律，通常第一字平仄皆可，故也算合律。再看看七絕的例子：

出城寄權璩楊敬之

草暖雲昏萬里春。宮花拂面送行人。
自言漢劍當飛去，何事還車載病身。

這是一首仄起首句押韻式的七絕，第三、四句的第一字「自」「何」不合，但第一字平仄皆可，故完全合律。不過，李賀詩七絕有一首很特別，試看「南園其四」前半首：

三十未有二十餘，白日長飢小甲蔬。

首句二、六拗，跟平常平仄有「一三五不論」，「二四六分明」的說法不合，依王了一氏之說：「二四六正當節奏點，本不應用拗。…有些詩人有時候不甘受律句平仄的拘束，或故意求取高古的格調，也喜歡在節奏點用拗⑯。」由此可證明李賀使用平仄，能役於格律，也能不受格律所拘束。最後談李賀五律詩一首，試舉之如下：

示弟

別弟三年後，還家一日餘。
醁醽今夕酒，緗帙去時書。
病骨猶能在，人間底事無。
何須問牛馬，抛擲任梟盧。

這首五律係屬仄起首句不押韻式，只有頸聯及尾聯的「獨」和「問」拗。「獨」今本都作「猶」，僅宋本作「獨」，依何義門言：「言獨剩病骨耳，猶字凡近⑰。」有其理由，但依拗救原則言，獨字仄而下句第三字不以平聲救之，即是失調，失調時的音節就不美，故今本都作「猶」，病骨「猶」能在，則不拗。不過也可能是李賀故意拗而不救，「病骨獨能在」以示憤慨之詞，讓人注意到「人事多故，屢遭挫折，結果一事無成，病骨獨存」的悲哀！不是李賀不懂得拗救，試看下面尾聯拗而能救，即可證明李賀是懂得音律的。尾聯出句本作「平平平仄仄」，第三字拗而有救，作「平平仄平仄」出於本句自救，李賀這首詩尾聯出句第三字拗「問」係仄聲，第四字改平聲「牛」，算是出句本句自救。這種拗救的效果，黃師永武在「談作品的詩境」一文當作音節美來欣賞⑲。宋代的范晞文會說：「五言律詩，固要貼妥，然貼妥太過，必流於衰。苟時能出奇於第三字下一拗字，則貼妥中隱然有勁直之風⑳。」可見拗句對於文氣聲調都有幫助，李賀下「獨」「問」兩字可視爲配合詩意轉換，病骨縱能獨存，也無語「問」蒼天！下一「問」字，對命運的安排和戲弄充滿了憤慨和嘲諷！而且押六魚韻，依傅庚生氏「中國文學欣賞擧隅」言：『收音於「烏」、「庵」，即「魚、虞、元、寒、删、先」諸韻之字，皆極沈重哀痛㉑』，依選韻原則，都係配合詩意爲之，個中消息可知。其他五律如「竹」「出城」諸首也都合於格律。

總之，依以上所擧各項說明，可看出李賀運用平仄都能依照嚴格的格律要求，縱有拗句，也是依詩意情緒的轉換而改變，故不以爲病，以下試論用韻。

二、用韻

談到用韻，古人有很多成說，如李東陽麓堂詩話上說：「詩韻貴穩，韻不穩則不成句。」沈德潛說詩晬語上說：「詩中韻脚，如大厦之有柱石，此處不牢，傾折立見。」可見押韻的重要性。詩中用韻有點明加强節奏的作用，「能使人們明瞭詩句的起迄以及章節的終點，在那終點上反復其餘音以造成一唱『三歎』的情緒效果㉒。」故詩意情緒的表露有賴用韻來呈現，對詩中韻脚的選擇自然看重，拜經樓詩話卷二引何無忌語：「欲作佳詩，必先尋佳韻，未有佳詩而無佳韻者也。韻有宜於甲而不宜於乙，宜於乙而不宜於甲者。題韻適宜，若合函蓋，惟在構思之初，善巧揀擇而已。若七言歌行，抑揚轉換，用韻頓挫處，尤宜喫緊。」頗能道盡箇中三昧，講求聲和情的諧合。

韻有平上去入四聲之異，又分東冬鍾江二〇六部之多，每聲每部都有它們各自不同的示意作用，四聲的情緒呈露已在上一節述及，韻脚與情感的關係，論者很多，像周濟在宋四家詞選目錄序云：

東真韻寬平，支先韻細膩，魚歌韻纏綿，蕭尤韻感慨，各有聲響，莫草草亂用。㉓

則以韻部異同，部居有別而呈露不同的感情，今人王易氏有更詳密的解說：

韻與文情關係至切，平韻和暢，上去韻纏綿，入韻迫切，此四聲之別也。東董寬洪，江講爽朗，支紙縝密，魚語幽咽，佳蟹開展，真軫凝重，元阮清新，蕭篠飄灑，歌哿端莊，麻馬放縱，庚梗振厲，尤有盤旋，侵寢沈靜，覃感蕭瑟，屋沃突兀，覺藥活潑，質術急驟，勿月跳脫，合盍頓落，此韻部之別也，此雖

未必切定，然韻切者情亦相近，其大較可審辨得之。㉔

李賀樂府古詩約佔全集三分之二，故古詩的用韻情形也要講究。古詩或一韻到底，或數句轉韻，各求其宜。但論者都有主張轉韻和詩中情節氣氛有關係，如葉燮曾說：「樂府被管絃，自有音節，於轉韻見宛轉相生層次之妙。若寫懷投贈之作，自宜一韻，方見首尾聯屬。…大約七古轉韻，多寡長短，須行所不得不行，轉所不得不轉，方是匠心經營處㉕。」近人洪爲法氏「古詩論」也有同感：「一韻到底，易於平直，如可轉韻，便能波瀾變化，通體生動起來㉖。」黃師永武也主張轉韻與否，最主要的還是與詩內的情節氣氛有關係，氣氛有時寬平，有時幽邃，有時激越，有時驚譎，用轉韻的古詩來逐段配合，自有神妙的效果㉗。以下試作分析以明李賀用韻情形。

依前說，用韻可以從隨情押韻及韻脚變換疏密，論其聲諧情洽的關係。所謂隨情押韻，是作者對韻脚的選擇很愼重，配合詩意爲之。袁枚隨園詩話言「欲作佳詩，必選好韻。凡其音涉啞滯者、晦僻者，便宜棄捨。」袁氏主張選韻要注意響亮，要避免啞滯晦僻，雖有他的道理，但李賀命運坎軻，志氣不舒，選韻務求沈啞，幾乎不用平聲韻，袁說實有商榷餘地，應該命意和選韻配合，以表達詩人的感情。像「高軒過」是李賀詩集少數平聲韻中通首用一東韻的詩，因韓愈皇甫湜過訪冀求提拔之作，用了平聲一東韻，把韓愈到訪那種驚喜雀躍的心情表露無餘：

華裾織翠青如葱，金環壓轡搖玲瓏；馬蹄隱耳聲隆隆，入門下馬氣如虹；東京才子文章公；二十八宿羅心胸，元精照耀貫當中；殿前作賦聲摩空，筆補造化天無功；龐眉書客感秋蓬，誰知死草生華風；我今垂翅附冥鴻，他日不羞蛇作龍。

整首詩都是輕快的節奏，呈現受到賞識而欣喜萬狀的心情，驚喜得心跳咚咚（「東東」）地響，好像要跳出胸口來，這種情緒呈露的效果完全是平聲東韻所締造。蕭滌非氏「杜詩的韻律和體裁」一文有精闢的說明，他以爲平聲韻東、冬、江、陽等，較適於表達歡樂開朗的情緒；尤、幽、侵、覃等較適合於表達憂愁，並舉杜甫的春望與聞官軍收河南河北兩首詩加以對照，前者押侵韻，後者押陽韻，前者淪陷於長安，後者收復失土，兩者所表情緒，即有歡愉愁苦強烈的對比，音調和情調完全配合一致㉘。茲再舉「崇義里滯雨」一首以證之：

落莫誰家子，來感長安秋；壯年抱羇恨，夢泣生白頭。瘦馬秣敗草，雨沫飄寒溝；南宮古簾暗，濕景傳籤籌。家山遠千里，雲脚天東頭；憂眠枕劍匣，客帳夢封侯。

此首押平尤韻，係客舘滯雨懷憂抒情之作。全詩彌漫落寞孤寂的氣氛，內心鬱結無以排遣，靠平尤韻來表達憂愁的情緒。另外一系列的「莫」「夢」「秣」「寒」「暗」「雲」「憂」等唇喉音字，正符合近人王了一氏的主張：一系列明母字（唇音）和影母字（喉音）表示黑暗和憂鬱的概念㉙，更加使氣氛凝重，如千斤重擔壓在心頭。李賀用韻是不凡的，我們再來看兩首押仄韻的詩：

客遊

悲滿千里心，日暖南山石；不謁承明盧，老作平原客；
四時別家廟，三年去鄉國；旅歌屢彈鋏，歸問時裂帛。

題歸夢

長安風雨夜，書客夢昌谷；怡怡中堂笑，小弟裁澗菉；
家門厚重意，望我飽飢腹；勞勞一寸心，燈花照魚目。

兩首都是入聲仄韻，一押陌韻，一押屋韻。前一首描寫失意浪遊，離家久客慨嘆之作，後一首也是客居長安思歸夢家勞思不寐的作品，所採用的入聲韻正合於展現沈痛鬱悒之情懷（蕭滌非語），也如清人仇兆鰲註杜甫鐵堂詩所言：「入蜀諸章，用仄韻居多，蓋逢險峭之境，寫愁苦之詞，自不能爲平緩之調也㉚。」韻調與詩情的配合，正是李賀著力的地方，以上從平仄韻舉例說明，足可證明。

至於韻脚變換疏密，也就是轉韻疊韻的問題，大致有個原則：「情節緊湊時宜句句押韻，氣氛舒坦時宜隔句用韻㉛。」換韻應視詩中情節氣氛而定，並顧及全詩抑揚頓挫的節奏，李賀詩技巧大致如此，試舉「李憑箜篌引」一首爲例：

吳絲蜀桐張高秋（平尤韻），空白凝雲頹不流（尤），江娥啼竹素女愁（尤），李憑中國彈箜篌（尤）。崑山玉碎鳳凰叫（轉去聲嘯韻），芙蓉泣露香蘭笑（嘯）。十二門前融冷光（轉平陽韻），二十三絲動紫皇（陽）。女媧鍊石補天處（轉上語韻，古與七麌韻通轉），石破天驚逗秋雨（麌），夢入神山教神嫗（麌），老魚跳波瘦蛟舞（麌）。吳質不眠倚桂樹（轉去聲遇韻），露脚斜飛濕寒兔（遇）。

這首詩在摹寫李憑所彈箜篌的聲音之妙。首四句押平尤韻，次二句轉去嘯韻，再轉回平陽韻，又轉向上麌韻，最後以去遇韻作結。由平轉去，再由去入平，又轉上，然後以去爲結，由於句句有韻，形成起伏流動的節奏，類似音樂主題反覆變化，透過節奏的示現充分表現音樂的感動。李賀古詩中押韻沒有規則，完全講求與詩中情節氣氛配合，例子很多，如送沈亞之歌、春坊正字劍子歌、浩歌等都是，另外李賀也喜双聲轉韻，如「十二月樂詞」「夢天」等首，由於篇幅所限，不再多舉。

三、句式

句式是詩中字數的安排，也是一句中音節的安排，與詩的節奏是分不開的。依劉大白氏在「中詩外形律詳說」以爲五言詩誦讀時分爲三節，七言詩誦讀時分爲四節，五比三與七比四，較接近黃金分割㉜，難怪五七言詩流行久遠。通常五言詩的句式是「23」，七言詩是「43」的句式。明人胡震亨在「唐音癸籤」卷四談及「五字句以上二下三爲脉，七字句以上四下三爲脉，其恒也。」但如根據近人王了一氏詩律云：「近體詩句的節奏，是以每兩個音爲一節，最後一個音節自成爲一節㉝。」則五言詩的句式是「221」，七言是「2221」，但詩中的分節和音樂的拍子不同，所以把「22」併爲「4」，成爲普通所說的「23」或「43」的句式。但無論運用何種句式，主要要求節奏要有變化，句式求變化，節奏才能生動起來。如下例「十二月樂詞，正月」：

上樓—迎春—新春—歸，暗黃—着柳—宮漏—遲；薄薄—淡靄—弄—野姿，寒綠—幽風—生—短絲。

錦牀—曉臥—玉肌—冷，露臉—未開—對—朝暝；宮街—柳帶—不堪—折，早晚—菖蒲—勝—綰結。

這首詩依「43」看，都符合要求，但仍有「2221」與「2212」相雜的變化。再看五言詩的例子，如「詠懷二首」其二：

日夕—著書—罷，驚霜—落—素絲；鏡中—聊—自笑，詎是—南山—期；

頭上—無—幅巾，苦蘗—已—染衣；不見—清溪—魚，飲水—得—自宜。

這首詩從「23」句式看，都是一致的，但仍有「221」與「212」的變化。李賀詩在句型上大致謹守「23」與「43」的規律，然後稍作變化。

除了五、七言詩，李賀詩中還有三言詩、四言詩以及雜言體詩，試舉之如下：

白門前，大樓喜，懸虹雲，撻龍尾；劍匣破，舞蛟龍，蚩尤死，鼓龍蓬；天齊慶，雷墮地，無驚飛；海千里。——（白門前）

長戈莫舂，強弩莫抨；乳孫哺子，教得生獰；舉頭為城，掉尾為旌；東海黃公，愁見夜行；道逢騶虞，牛哀不平；何用尺刀，壁上雷鳴；泰山之下，婦人哭聲；官家有程，吏不敢聽。——（猛虎行）

井上轆轤牀上轉，水聲繁，絃聲淺；情若何，荀奉倩；城頭日，長向城頭住，一日作千年，不須流下去——（後園鑿井）

第一首三言詩節奏急，但句式乃有變化，成「21」或「12」。次首是唯一四言詩，由於音節短促，宜於表達質實之情[34]。最後一首有三、五、七言，依王琦註，認爲夫婦之相好者思得長相依，句式長短相錯，形成感情的錯綜和思念。

綜合以上所言，李賀詩的句式大致合於「23」及「43」的規律要求，另外有很多雜言體詩，由於句式的交錯，能表達各種複雜的感情。句式這一部分李賀較少像杜甫、李商隱他們那樣講求變化，但李賀大致能作適當的變化和安排。

四、句法

句法不同於句式，句法是指詩句在形態上的安排。句中字的使用，也就是字彙詞藻的結構程式，這種句法結構的安排，其作用和「韻」的效果相似。透過句法結構，往往使句與句之間能呼應貫連，情感氣勢得以抒發。以下即以李賀最常用的句法及其效果分析如次：

(1) 疊字句

疊字，又名重言，是以兩個相同的字來摹擬物形或物聲。疊字既双聲又疊韻，讀起來持續不斷，就像音樂的「重複」結構形式，有增強表現的效果。李賀用疊字用得很多，如：

嘈嘈絃吹匝天開。（榮華樂）

薄薄淡靄弄野姿。（十二月樂詞，正月）

勞勞胡燕怨酣春。（十二月樂詞，二月）

搖搖錦旗夾城暖。（十二月樂詞，三月）

炎炎紅鏡東方開。（十二月樂詞，六月）

啾啾赤帝騎龍來。（十二月樂詞，六月）

怡怡中堂笑。（題歸夢）

勞勞一寸心。（題歸夢）

秋白遙遙空。（將發）

遺我星星髮。（感諷，其二）

曉聲隆隆催轉日。（官街鼓）

塘水漻漻蟲嘖嘖。（南山田中行）

露花飛飛風草草。（十二月樂詞，九月）

月綴金鋪光脉脉。（十二月樂詞，九月）

玉爐炭火香鼕鼕。（神絃曲）

疊字的勝境，在於能達到「以聲摹境」的妙用㉟。像首句「嘈嘈」是摹擬絃吹的聲音，是聲喻法，這種擬聲詞最能引起注意。至於疊字擺在句中的，如「曉聲隆隆催轉日」，有突出之感，造成高潮跌宕的效果。又如「塘水漻漻蟲嘖嘖」，七字有四字是疊字，造成此起彼落的聲喻效果。「

秋白遙遙空」句，清人丘象升以爲「李賀不善用双字，碎碎遙遙，皆欠蒼深，非惟不及葩經（指詩經），亦不逮老杜遠矣㊱。」論點或許有偏，但李賀愛用叠字，失之於濫也是事實，不過，他也有杜甫不及之處，像「玉爐炭火香鼕鼕」句，杜甫是寫不來的。由於鼕鼕模擬玉爐呼嚕呼嚕地響，作鼓聲擬聲詞，又是接納感官交綜運用，使意象更加鮮活，李賀詩中的叠字仍有其獨特手法。大致上，用在聲喻法的叠字都較生動，達到以聲摹境的勝境。

(2) 重複句

上樓迎春新春歸。（十二月樂詞，正月）

男兒屈窮心不窮。（野歌）

神嗔神喜師更顏。（神絃）

誰最苦兮誰最苦。（白虎行）

井上轆轤牀上轉。（後園鑿井）

旋風吹馬馬踏雲。（神絃曲）

天濃地濃柳梳掃。（新夏歌）

曉聲隆隆催轉日，暮聲隆隆催月出。（官街鼓）

藍溪之水厭生人，身死千年恨溪水。（老夫採玉歌）

依依宜織江雨空，雨中六月蘭台風。（羅敷山人與葛篇）

園中莫種樹，種樹四時愁。（莫種樹）

朝嫌劍花淨，暮嫌劍光冷。（走馬引）

石根秋水明，石畔秋草瘦。（感諷五首其五）

城頭日，長向城頭住。（後園鑿井）

所列兩組例子稍有不同，前一組是在一句之內有反復出現的字，後一組是在一聯之內有重複出現的字或詞。在節奏上，類似音樂的重複形式，有連緜不絕的效果，使情感的呈露，在重複的聲音、意義的重疊裡充分表現出來。李賀還有一兩首很特別的重複句詩，如苦篁調嘯引、官不來題皇甫先輩聽。茲擧後一首詩：「官不來，官庭秋，老桐錯幹青龍愁；書司曹佐走如牛，疊聲問佐官來否，官不來門幽幽。」七句之中，有四句用了「官」字，兩句用了「佐」字，強調題目「官不來」，看似戲謔，實係過訪不遇惆悵之作，「官」字的重複，好像如在「念」中，喃喃自語，「官」爲什麼不來呢，語氣的加强重複，增加詩句的氣氛。

(3) 散文句

試問酒旗歌板地，今朝誰是拗花人。（酬答其二）

不須浪飲丁都護，世上英雄本無主。（浩歌）

看見秋眉換新綠，二十男兒那刺促。（浩歌）

伶倫採之自崑丘，軒轅詔遣中分作十二。（苦篁調嘯引）

一日作千年，不須流下去。（後園鑿井）

神君何在？太一安有？（苦晝短）

使之朝不得迴，夜不得伏。（苦晝短）

散文句在詩中有使節奏頓挫轉折的音響效果，古體詩詩句較接近散文句法，李賀詩多古體，散文句較多。至於近體詩重對偶，語法散漫，不重散文句法，李賀較少應用，首句是唯一例子。

【附註】

①「脇順三郎，詩學，頁八一，田園出版社。
②滄詩話（明倫版），頁五二四。
③陳千武譯，現代詩的探求，頁九四，田園出版社。
④朱光潛氏，詩論，頁一〇九，正中書局。
⑤引自幼獅文藝一八六期，頁一一四。
⑥秩序的生長（志文版），頁一二一詩的再認。
⑦郭紹虞氏，語文通論，頁七六，華聯出版社。（作者改作朱自清，誤）。
⑧兒島獻吉郎，中國文學通論，引騷壇八略語。
⑨以上引自王氏「漢語詩律學」頁六。
⑩同註⑦，頁二〇五，「中國文字可能構成音節的因素」。
⑪四溟詩話卷三。
⑫同上註。
⑬洪爲法氏，「古詩論・律詩論」頁一〇九，經氏出版社。
⑭同註④，頁九五。
⑮李賀論，頁二一三。
⑯同註⑨，頁九十。

⑰陳本禮協律鈎元卷一，頁四。

⑱簡明勇「律詩研究」，頁五四。

⑲黃師永武「中國詩學鑑賞篇」，頁一七八。

⑳對床夜語卷二，藝文續歷代詩話本。

㉑傅氏「中國文學欣賞舉隅」，頁二〇八。

㉒王夢鷗先生，文學概論，頁八一。

㉘廣文書局詞話叢編，頁一六三三。

㉔王易氏，詞曲史，頁二八二。

㉕清詩話（明倫版），頁六〇八，葉燮「原詩」。

㉖同註⑬，頁一一二。

㉗同註⑨，頁一八八。

㉘轉引自黃師永武「中國詩學設計篇」，頁一五七。

㉙轉引自上註，頁一七六。

㉚杜詩詳註卷八，文史哲出版社。

㉛同註㉘，頁一七三。

㉜明倫出版社版，中國文學研究，頁三〇一。

㉝王氏中國詩律研究中「平仄和對仗」一節，頁六。

㉞王忠林先生「中國文學之聲律研究」下册四章一節，頁三四九。

㉟同註㉘，頁一九一。

㊱引自陳弘治先生「李長吉歌詩校釋」，頁一九二。

第二章　李賀詩的境界

「境界」一詞源自王國維氏「人間詞話」。「詞以境界爲最上，有境界則自成高格。」「境，非獨謂景物也，喜怒哀樂亦人心之一境界，故能寫眞景物、眞感情者，謂之有境界，否則謂之無境界①。」劉若愚先生「中國詩學」將「境界」再定義爲生命之外面與內面的綜合，他說：

> 詩中的「境界」同時是詩人對外界環境的反映也是其整個意識的表現。每一首詩具體表現出它獨自的境界，不管是大或小，疏遠或親近，但是只要詩是眞實的，它會將我們領入它的特殊的境界，使我們能夠看見某些事物，感覺某些感情，沈思人生的某些方面，在我們的想像中經驗我們在現實的生活中可能經驗過或者沒經驗過的一種存在狀態。②

一件作品能否給予讀者新的經驗，一個獨立自足的生活世界一種新的感悟，完全有賴作者本身對所描述的對象能否做深入的洞察和感悟，另一方面也在於是否能夠將這些洞察感悟統一完整的表現出來。王國維氏說：

> 詩人對於宇宙人生，須入乎其內，又須出乎其外；入乎其內，故能寫之；出乎其外，故能觀之；入乎其內，故有生氣；出乎其外，故有高致。③

所以詩不僅僅是外在世界與內面世界的探索，而且是詩賴以寫成的語言的探索④。前面第一章專論李賀詩的語言，本章卽再從「境界」來探討李賀詩的整體表現，進入詩人對宇宙人生之眞相意義的整體洞察與感悟，擴大讀者的視野，體會愛、恨、生、死等感覺世界，藉由感受力的增強，引領讀者進入更深一層的境界—使讀者涵詠更高的思想，更深的感情，更廣濶的視野。

李賀詩共有二百四十首左右，每一首詩都有它獨立自足的境界。這兩百四十個獨立自足的境界，原來又都屬於李賀整個心靈境界的一部份，他構建它們時，必然根據自我對理想與現實人生的種種省察，透過飛躍的想像力，運用微妙纖細的藝術手筆，將詩人心眼中的主觀世界，具現在每一首詩作上。所以李賀詩作，每首都淸楚地浮現李賀的心靈境界，每一首都蘊涵他對自我生命歷程的沉思、反省，我們更可以從以下幾個角度進一步透視他的內省世界：

一、個人生命的掙扎和反省

詩人個人生命的掙扎和反省，乃係生命的自覺，基本上是一種內在的自覺。『經由這種內在的自覺，人擁有某種理想和永恒的觀照。並且在這種觀照，自覺一己之擁有一獨特絕一的「自我」，而尋求生命於此一「自我」的實現與完成⑤。』詩變成詩人尋求自我、確立自我的一種媒介，詩人發現生命的不安和短促，必定使作品充滿了對生命的沈思與解釋，難怪老死貧病以至生命諸苦的體驗和反省，是古往今來無數哲人一再思索的焦點。故要了解李賀的內心世界，必須找出他的思想脉絡和靈魂的自我性。

理想和不朽是人類基本要求，追求理想或許是屈原詩的主題，而李白卻是爲生命和生活而奮鬥⑥！移作李賀詩作精神遺緒應該是可以成立的。李賀短短二十七年歲月，生活轗軻，既不第又不達，窮愁困頓，心靈備受煎熬，詩作切身地反映了李賀自我的影像，在做自我的傾訴，自我的追尋！李賀內省的思想脉絡或許是像如下的軌跡：冀望—追尋—挫折—壓抑。李賀一生追尋渴求的是功成名就，改善家計，但是事與願違，只爲了父名晉肅避諱不得應舉，斷送了大好前途，形成了他內心劇烈的矛盾，因而產生苦悶。「京城」詩云：「驅馬出門意，牢落長安心。兩事向誰道？自作秋風吟。」足可表白命運無可奈何的悲哀，再看「傷心行」：

> 咽咽學楚吟，病骨傷幽素。秋姿白髮生，木葉啼風雨。燈青蘭膏歇，落照飛蛾舞。古壁生凝塵，羇魂夢中語。

悒鬱失志透過外在淒涼景物的襯托，反映出窮愁不遇的潦倒心境，只有「咽咽學楚吟，羈魂夢中語」了，那是靈魂的自覺和悲痛！「崇義里滯雨」也是同一基調：

落莫誰家子，來感長安秋。壯年抱羈恨，夢泣生白頭。瘦馬秣敗草，雨沫飄寒溝。南宮古簾暗，溼景傳籤籌。家山遠千里，雲脚天東頭。憂眠枕劍匣，客帳夢封侯。

理想和現實仍然隔得那麼遙遠，現世生活令人惆悵焦慮，「壯年抱羈恨」的現實，讓詩人憂心，痛苦與思鄉，或許到達「客帳夢封侯」的理想夢境，一切都可以解決，只可惜這是一段理想的追尋和渴求，只有在幻想、渴望的夢境中才能得到安慰。李賀這種苦苦追尋，却鎩羽而歸的憂傷作品很多，像「出城」詩—無印自堪悲，跌落在個人的哀傷裡，甚至「何須問牛馬，拋擲任梟盧」（「示弟」），一任命運的安排與擺布！這一系列作品都可視作「從人間弱小的非力感而想飛躍向某種超人的東西的悲痛底歎息⑦。」

在悲痛歎息之餘，詩人個人生命的沈思，必能體會出，在自我解嘲、自我剖析之外，應附帶有自我治療。由於外界惡意的中傷，使他「心事如波濤，中坐時時驚」（申胡子觱篥歌），在二十歲正當年輕却感到一已的衰老——「日暮著書罷，驚霜落素絲。鏡中聊自笑，詎是南山期」（詠懷之二），再由一已的衰老，想到人生的短促，歷史的短暫不可恃，只有回到自我的肯定，「生世莫徒勞」（銅駝悲），「主人勸我養心骨」（開愁歌），甚至理解到「知非出柙虎，甘作藏霧豹」，心智慢慢成熟，不再輕躁。人生觀趨於成熟後，才會去思索，深入體會人世，原來人世陰晴反覆自古如此，慢慢撫慰治療心靈的創傷，也漸漸反省人生的片斷，組成一系列完整的思索。如「感諷五首」（詩長不錄）就是從現實的醜惡，政治苛擾（感諷其一），想到實現抱負（感諷其二），但仕途橫逆，政治敗壞，只有逃遁到夢境（感諷其三），又隨著天明，現實又逼近，「已生須已養，荷擔出門去」（感諷其四），又不甘心爲五斗米折腰，只有「岑中月歸來……披書案將朽」（感諷其五），遠離俗世，棄絕仕進，而專力詩文。感諷五首就是李賀一生的心路歷程之抽樣！故相對於李賀個人生命的觀照和反省，以下再分現實、愛情、時間、歷史及神話五類來探討李賀詩的特殊境界。

二、現實的挫折和諷諭

考李賀一生，最大的打擊是不克登第，屈於卑官，產生懷才不遇、文章何價的悲歎，使李賀對天道人事的不公極爲不平，有極大的挫折感。試看「公無出門」後半首：

鮑焦一世披草眠，顏回廿九鬢毛斑。顏回非血衰，鮑焦不違天；天畏遭啣齧，
所以致之然。分明猶懼公不信，公看呵壁書問天。

有屈騷招魂問天的意思，由「顏回非血衰，鮑焦不違天」竟然一窮一夭而早死，志行高潔之士不容於人世，其中消息可知，憂讒見忌之士縱能學屈原呵壁問天，恐怕仍有人不會相信他的志潔。人世的不公平，社會處處羅網，時時禍機，李賀也體會到人就像網中之鳥，那麼渺小無助，「艾如張」即有很好的解說：

齊人織網如素空，張在野田平碧中，網絲漠漠無形影，誤爾觸之傷首紅。艾葉綠花誰剪刻，中藏禍機不可測。

李賀因才遭忌，以致功名無望，對複雜社會中藏禍機有所體認，但他是不甘心的，難免「我有迷魂招不得，雄雞一聲天下白。少年心事當拏雲，誰念幽寒坐嗚呃」（致酒行），甚至大喊「天眼何時開？古劍庸一吼！」（贈陳商）。

現實的挫折不免有苦悶，必定要找出路，「南園十三首」其五：

男兒何不帶吳鈎，收取關山五十州。請君暫上凌烟閣，若箇書生萬戶侯。

想投筆從戎，但又如何？馬詩廿三首，都係自寓之作，或詠名馬品質非凡，或讚駿足矯健，堪戮力沙場，表現了英才異士的雄心壯志，結果仍然歎寶駒失主流落紅塵，只有不遇的慨歎和不平！最後只好當個「尋章摘句老雕蟲」（南園其六），圖謀名山大業，弔詭的是，嘔心瀝血之作竟然被束諸高閣，讓花虫蠹成粉末！試看「秋來」這首詩云：

桐風驚心壯士苦，衰燈絡緯啼寒素。誰看青簡一編書，不遣花蟲粉空蠹。思牽今夜腸應直，雨冷香魂弔書客。秋墳鬼唱鮑家詩，恨血千年土中碧。

現世既無人賞識，只好寄託在另一世界的鬼魂來同聲唱和。人世不公，一至於此，李賀只有「榮枯不等嗔天公」（野歌），對現實世界加以抗議，現實的醜惡要聲討，要筆伐！由個人一己的遭遇，推及於普天下的衆人，尤其對受苦的百姓有一份關愛，乃藉揭發暴逆的官吏醜行，對無告的百姓寄予同情。

李賀是有諷諭詩的，確實有「言及君臣理亂」的作品，像「呂將軍歌」、「猛虎行」、「感諷其二」「黃家洞」等都是。但寫得最眞切最能傳世的有「感諷其一」和「老夫採玉歌」，先看「感諷其一」：

合浦無明珠，龍洲無木奴。足知造化力，不給使君須。越婦未織作，吳蠶始蠕蠕。縣官騎馬來，獰色虬紫鬚。懷中一方板，板上數行書。不因使君怒，焉得詣爾廬？越婦拜縣官，桑牙今尚小。會待春日晏，絲車方擲掉。越婦通言語，小姑具黃粱。縣官踏飧去，簿吏復登堂。

寫官吏苛擾，歷歷如繪。筆鋒對準官吏誅求無厭的嘴臉加以描摹，欺壓老百姓的行徑也毫無保留地加以揭發，李賀筆下的貪官汚吏是無所遁形的，難怪錢氏「談藝錄」言「感諷五首之第一首，寫縣吏誅求，樸老生動，眞少陵三吏之遺。」周誠眞先生認爲『這首詩中所用的深拗筆法，在杜甫的「三吏」詩中似乎還找不到⑧。』所給評價更高，李賀這首詩是當得起這種好評的。再看「老夫採玉歌」云：

採玉採玉須水碧，琢作步搖徒好色。老夫飢寒龍為愁，藍溪水氣無清白。夜雨崗頭食蓁子，杜鵑口血老夫淚。藍溪之水厭生人，身死千年恨溪水。斜山柏風雨如嘯，泉脚挂繩青裊裊。村寒白屋念嬌嬰，古臺石磴懸腸草。

連老夫也不免徵役之苦，其他可想而知，對貧苦無告的百姓寄予同情。這首詩還有兩個特點，一表示李賀之進取精神，人的生命力的强韌。另外由這首詩看出自然界和人的地位是相等的，李賀的詩觀和王維、韋應物等歌頌自然的作品是不相同的。故周誠眞先生以爲只有李賀才能作「老夫採玉歌」這種作品⑨。

總之，李賀能由一己的困頓昇華，發揮人溺己溺的精神，表現他廣博的同情心，寫出幾首出色的諷諭詩，足可證明李賀不光會「牛鬼蛇神」的詩篇，他的詩篇仍有反映現實社會的寫照！對那些文學史家亂作比附貴公子不關心民生疾苦的說法，本節是最好的答覆。

三、宮怨、閨情和愛情

描寫宮怨、閨情和愛情這一類詩，是李賀常被誤解的主因。像劉大杰氏說他「只能取法於梁簡文帝一類的色情文學，而寫花遊曲一類宮體⑩。」未免太過偏頗。至於蘇師雪林在「唐詩概論」中，給李賀冠上「唯美文學的啓示者」，認爲李賀的宮體是理想的，和當時王建王涯等寫實宮體詩是不同的⑪，大致是持平之論。不過，李賀的豔體和梁陳宮體是有所不同的，楊鍾基先生在「楞伽、楚辭與李賀的悲劇」一文談到：

> 李賀將他自己的不遇和寂寞的憂懷，投射到從古以來就被忽視玩弄的女性身上，對於她們的靚妝凝坐度日如年寄以無限的同情，寫出許多綿聯迢遠的詩篇，這一類宮怨詩無論在格調和思想內容方面，都不同於梁陳宮體，而且直接影響及於後來的詞體。⑫

從思想背景談到李賀宮體詩的特色，頗多見地。李賀善寫宮怨，尤能體會宮女的幽怨和心思，如「三月過行宮」：

> 渠水紅繁擁御牆，風嬌小葉學娥粧；垂簾幾度青春老，堪鎖千年白日長。

描寫宮女坐待青春老去，數十年歲月就像千年那麼長而無奈！至於「青春長駐」的神女又將如何？如「貝宮夫人」：

丁丁海女弄金環，雀釵翹揭双翅關；六宮不語一生閒，高懸銀榜照青山。長眉凝綠幾千年，清涼堪老鏡中鸞；秋肌稍覺玉衣寒，空光妥帖水如天。

前半首言衣飾之美，儘管享受豪華富麗，但青春年華已逝，無補於心靈的衰老，縱能幽閒活幾千年，也只是顧影自憐，所能體會的是那「碧海青天夜夜心」的永恒寂寞況味。再看「十二月樂詞，十月」是一首眞正的宮詞：

玉壺銀箭稍難傾，釭花夜笑凝幽明；碎霜斜舞上羅幕，燭龍兩行照飛閣；珠帷怨臥不成眠，金鳳刺衣着體寒；長眉對月鬪彎環。

前半首描寫宮中之景，其中隱含對比，前兩句描寫室內的燈光幽暗，與三四句室外的燭照飛閣形成對比。後半首寫睡在珠帷內的宮女滿懷幽怨，輾轉不能成眠，縱有珠帷和金鳳刺衣的享受，也不能消滅宮女抑鬱的心懷！最後再看一首「宮娃歌」：

蠟光高懸照紗空，花房夜搗紅守宮。象口吹香毾㲪暖，七星掛城聞漏板。寒入罘罳殿影昏，彩鸞簾額著霜痕。啼蛄弔月鈎闌下，屈膝銅鋪鎖阿甄。夢入家門上沙渚，天河落處長洲路。願君光明如太陽，放妾騎魚撇波去。

這首詩是透過光影、聽覺和氣溫的轉換，來反襯宮女怨曠思歸的情緒。宮中景象雖富麗，却由於「搗守宮」敲「漏板」以及「啼蛄」的叫聲，使宮女越聽越難挨，寒冷及霜痕的侵刻，表面看來是歲月的痕跡，却反烘托宮女心靈的空虛。所以她們才會夢到遠在水邊的家鄉，希望有朝一日那位仁慈的皇帝能像太陽廣被恩澤於世人，放她們回去。最後一句「放妾騎魚撇波去」正表示思鄉之切，乘船比不上騎魚快，透露了欲早日脫離苦海的企盼，周誠眞先生認爲這首詩所表現的是「反傳統」的精神，是其他唐代詩人的宮詞所無的⑬。也證明了前面所說和齊梁宮體詩風格不同之所在，正是李賀着力描繪之處，底下再談閨情詩。

李賀的閨情詩雖都以別離心傷思念遠人爲題材，和其他唐代詩人的閨情詩沒什麽不同，但是李賀描寫女人心態非常細膩，又富於擬人化的抒情，叙事既濟而未濟，文評家周誠眞先生以爲李賀受李白影響，但李白表現手法較爲明快爽朗，李賀較爲婉曲含蓄⑭。例如「黃頭郎」：

黃頭郎，撈攏去不歸。南浦芙蓉影，愁紅獨自垂。水弄湘娥佩，竹啼山露月。

玉瑟調青門，石雲濕黃葛。沙上蘼蕪花，秋風已先發。好持掃羅薦，香出鴛鴦熱。

結尾四句明寫女子期待郎歸的心情，和首二句「撈攏去不歸」却形成對比，暗示黃頭郎的歸期未有期，女子的等待或許是一場空，言外之意要讀者親加領會。又如「江樓曲」：

樓前流水江陵道，鯉魚風起芙蓉老；曉釵催鬢語南風，抽帆歸來一日功；鼉吟浦口飛梅雨，竿頭酒旗換青苧；蕭騷浪白雲差池，黃粉油衫寄郎主；新槽酒聲苦無力，南湖一頃菱花白；眼前便有千里愁，小玉開屛見山色。

這首詩描寫思婦情緒起伏不定的心態，宛在目前。詩句沒有雕琢，結構緊湊，緊張矛盾的思緒一波一波造成張力。由樓前流水，聯想到丈夫的歸程，由風起想到別後的憔悴，像芙蓉般的容顏，已呈老態！趕緊理妝，丈夫一天之內就到家哩。可是正逢梅雨季節，丈夫恐怕會受風雨阻礙無法首途返家，趕快給他寄油衫雨衣吧。酒還未釀好，眞糟糕！再倚窗望望，南湖一頃菱花白，雨過天晴了，眞開心，丈夫不會爲雨所阻，很快就要回來啦。難怪費海璣先生認爲「上面所說的情詩，都描寫細膩；開中國情詩的路，乃後李商隱馮延巳晏幾道李淸照均受李賀的影響⑮。」李賀這一方面的作品的確很出色，如「蝴蝶飛」刻劃女子喜見情郎的心情，極爲深刻；「染絲上春機」描寫閨思極爲細膩。而「美人梳頭歌」即是其中的傑作，陳本禮氏「協律鈎元」卷四評此詩：「不著一字，盡得風流；…從來艷體亦當以此居第一流。」風評如此誠然不誣。

李賀詩除了宮怨、閨情詩外，還有愛情詩，周誠眞先生稱之爲「昇華型愛情詩」，認爲這類情詩（如蘇小小墓、帝子歌、巫山高）的價值不在閨情詩之下，對李商隱的情詩有很大啓示作用⑯，以下僅擧「蘇小小墓」一首加以說明：

幽蘭露，如啼眼，無物結同心，煙花不堪剪；草如茵，松如蓋，風為裳，水為珮，油壁車，夕相待；冷翠燭，勞光彩；西陵下，風雨吹。

這一首詩寫死後的錢塘名妓，她的絕代風華和「做鬼也風流」的幽期密約⑰。由首句墓前露珠，聯想到墓中人涕哭的眼睛，爲什麽哭呢，因爲情人爽約了。只爲了生前淪落風塵，所以無法覓得永結同心的情人，落得今天空等待！接下去是一連串與墳墓有關的意象，來烘托氣氛，那麽蒼茫冥渺，蘇小小雖然做鬼也風流，但她秉持信心在等待，那失約的情人。信守與情郞的幽期密約，永不渝！李賀這類情詩都是描寫死亡後的精神生活，純屬靈的嚮往，沒有肉慾和色情，在中國情詩中別具一格。

四、李賀詩的特殊時間意識

由李賀個人生命的內省，可以了解到李賀對時間的深刻洞察和體悟，他詩中的時間意識很特殊，不同於一般以時間爲陪襯或認同的題材，他直接對宇宙時間的永恒加以肯定，如「拂舞歌辭」：

> 吳娥聲絕天，空雲閒徘徊。門外滿車馬，亦須生綠苔，……東方日不破，天光無老時。

既言「東方日不破，天光無老時」，時間將是永恒的存在，面對永恒之流，人事變遷，榮華富貴以致歷史興亡都是一場空，如「古悠悠行」：

> 白景歸西山，碧華上迢迢。今古何處盡，千歲隨風飄。

> 海沙變成石，魚沫吹秦橋。空光遠流浪，銅柱從年消。

始皇造橋跨海求神仙，漢武建銅柱登天、求長生，但面對時間自然律則支配下，都無法實現，「在羲和的巨輪下，不管是美人、是豪傑、是朝菌、是九節葛蒲、是彭祖、是神仙、是金人銅柱、是南山滄海，雖有先後，却都歸於同一的命運—滅亡⑱。」只有時間是流轉不息，永不斷絕的，其他的一切都難以長保持久！這個主題，仍然在「天上謠」、「宮街鼓」等首出現，茲舉「宮街鼓」爲例：

> 曉聲隆隆催轉日，暮聲隆隆呼月出。漢城黃柳映新簾，柏陵飛燕埋香骨。磓碎千年日長白，孝武秦皇聽不得。從君翠髮蘆花色，獨共南山守中國。幾回天上葬神仙，漏聲相將無斷絕。

這首詩由長安城早晚敲打的鼓聲起興，推及於植物的榮枯，人壽的短促，在鼓聲鼕鼕催趕下，千年光陰也在捶鼓手下化爲烏有，只有太陽永遠照耀，時間是永恒的。人壽有時而盡，童顏青絲終將斑白如蘆花，孝武、秦皇縱想長生永保中國，也是不可能的事，既然「長生不死」乃不可能，那麼連已獲長生不老的神仙，也會死！既然神仙也躲不過死亡，永恒的時間穩操勝劵，人不得不俯首！面對永恒時間之流，李賀是有感慨的，甚至向「時間」提出挑戰書！

李賀可能由一己的老衰，想到年命短促，而慨嘆人生的倏忽。李賀英年鬢已白，「驚霜落素絲」（詠懷其二）之餘，有「風前幾人老」（感諷其二）的感慨，再想到「彭祖巫咸幾回死」（浩歌），人生百年彈指卽逝，爲什麼不設法長繩繫日？「羿彎弓屬矢，那不中足？令久不得奔，詎教晨光夕昏。」（日出行）只要射中日脚，使他不能跑，急景卽能留駐！「苦晝短」卽表現這種主題：

飛光飛光，勸爾一杯酒。吾不識青天高，黃地厚，唯見月寒日暖來煎人壽。食熊則肥，食蛙則瘦。神君何在？太一安有？天東有若木，下置啣燭龍。吾將斬龍足，嚼龍肉；使之朝不得迴，夜不得伏。自然老者不老，少者不哭。何為服黃金、呑白玉？誰是任公子？雲中騎白驢。劉徹茂陵多滯骨，嬴政梓棺費鮑魚。

這首詩應分三段。首段言光陰之速，人壽也隨之而盡，推而及於人世的慨嘆和不平。第二段假設有支配時間的超自然物存在，像若木上的啣燭龍，我將置之死地，使日夜不得運轉，自然沒有生老病死了。第三段承接，旣然無所謂生老病死，也就無須服金吞玉以求長生了。只可惜世間並沒有神仙的存在，漢武、秦皇苦求長生直如痴人說夢，到頭來終化爲朽骨屍腐！李賀對於人生無常和宇宙的幻滅感，有很深的體悟，他所欲把持的只是「現在」，由於英年早衰，使他急欲把握住有限時日的心情非常殷切，以致有使「瞬間」凝爲「永恒」的特殊時間觀。問題是時間的無限和生命的有限之間的矛盾永遠無法克服，李賀懷才不遇而投閒置散，却讓時光虛耗有涯之生命，對這種時間的矛盾深感痛苦，而寫出異於他人的時間意識。

五、歷史的繁華和幻滅

杜牧「李賀歌詩敍」言及「賀能探尋前事，所以深嘆恨古今未嘗經道者，如金銅仙人辭漢歌、補梁庾肩吾宮體謠。」是最先談到李賀詠史詩的特色—古今未嘗經道的前事史實，跟一般詠史詩慨嘆歷史興衰是不大相同的。周誠眞先生說得好：『他以帶著時間過敏症的心情去看大唐帝國的國運，當然會預感到它的衰亡。爲什麽他在「還自會稽歌」裏以國破潛難的庾肩吾自比？爲什麽他要採用「金銅仙人辭漢歌」的詩題？爲什麽他對荒宮廢殿這樣感興趣？我們不難推想到，他在荒宮廢殿已預見到破碎的唐國山河的影子⑲。』原因很簡單，他是唐諸王孫，對家國有份忠愛，但以懷才不遇而投閒置散，甚至落魄困頓，眼見朝政荒廢而人才不舉的矛盾而深感哀痛，以個人的不遇投射到歷史的洪流，找到寄託甚或抒發，故李賀的詠史詩大都描寫繁華之後的幻滅和空虛感，如「還自會稽歌」：

庾肩吾於梁時，嘗作宮體謠引，以應和皇子。及國勢淪敗，肩吾先潛難會稽，後始還家。僕意其必有遺文，今無得焉。故作還自會稽歌，以補其悲。

野粉椒壁黃，濕螢滿梁殿。臺城應教人，秋衾夢銅輦。
吳霜點歸鬢，身與塘蒲晚。脈脈辭金魚，羈臣守迍賤。

這首詩寫家國興亡之感和對國家故鄉的忠愛。由「意其必有遺文」這種文人相惜的遐想啓發，極力描繪臺城淪陷後荒蕪之狀，接著輕輕點出庾肩吾懷念故國的夢，造成今昔對比，雖不言昔日的繁華，而繁華自見；不言亡國的悲傷，而悲傷更深。末四句寫辭歸的情景，「身與塘蒲晚」有寄寓個人身世之感。難怪曾益「李賀詩註」言「此詩不言悲，悲自無限。」李賀以個人不遇所引起的矛盾和幻滅感，借庾肩吾潛難歸家這一段史實加以設想而抒發了。李賀詠史詩，除了詠唐朝以前的歷史外，還詠唐朝的史事，如「過華清宮」：

春月夜啼鴉，宮簾隔御花。雲生朱絡暗，石斷紫錢斜。
玉碗盛殘露，銀燈點舊紗。蜀王無近信，泉上有芹芽。

唐詩詠唐玄宗和楊貴妃史事的很多，詠華清宮的詩也不少，李賀這首詩乃藉宮殿荒涼，興黍離之悲，而有所寄意。首六句寫華清宮殘破景象，暗喻昔日繁華之不可恃，最後兩句點題托寓諷刺。李賀藉物是人非的對比，由昔日的盛況，感今日的蕭條，使人興慨寄遠，有不盡之意，像這類例子的還有「三月過行宮」、「經沙苑」以及「王濬墓下作」等篇。

除了以上所舉幾篇探尋前事之作，李賀還有一篇「金銅仙人辭漢歌」，是詠史詩的佳作，透過詩人的想像，去體會捕捉歷史的興衰及其內在精神。周誠眞先生以爲「金銅仙人辭漢歌」和英詩人濟慈「希臘罏頌」都是企圖從古代文化的遺跡中捕捉它的盛衰因素和背景[20]，是有其道理的：

魏明帝靑龍元年八月，詔宮官牽車西取漢孝武捧露盤仙人，欲立置前殿。宮官既拆盤，仙人臨行，乃潸然淚下，唐諸王孫李長吉遂作金銅仙人辭漢歌。

茂陵劉郎秋風客，夜聞馬嘶曉無跡；畫欄桂樹懸秋香，三十六宮土花碧；魏官牽車指千里，東關酸風射眸子；空將漢月出宮門，憶君清淚如鉛水。衰蘭送客咸陽道，天若有情天亦老；攜盤獨出月荒涼，渭城已遠波聲小。

李賀寫這首詩的動機，乃由於魏明帝遷移漢武帝所立捧露盤銅人這件史實有感而作，「這是長吉對古代文化的變遷，無可奈何的追思與仰慕；金銅仙人對李賀，正如希臘古瓶對濟慈，乃是一種古典文明的象徵㉑。」由漢武帝鑄銅人，捧露盤以承雲表之露，以露和玉屑服之以求仙道長生㉒起興，但漢武帝雖立銅人承露仍不得享高壽，反被魏明帝移置前殿，造成一種反諷，有物是人非之感。再由金銅仙人被迫遷移，竟然淚下，以無情之物表有情之感，這種表現手法，王琦「李賀詩註」分析得很好：「本是銅人離却漢宮花木而去，却以衰蘭送客爲詞，蓋反言之。又銅人本無知覺，因遷徙而潸然淚下，是無情者變爲有情，況本有情者乎？長吉以天若有情天亦老，反襯出之，則有情之物見銅仙下淚，其情更何如耶？至於旣出宮門，所携而俱往者，惟盤而已；所隨行而見者，惟月而已，因情緒之荒涼，而月色亦覺爲之荒涼。及乎離渭城漸遠，則謂水波聲亦漸不聞，一路情景更不堪言矣！」整首詩意境翻騰不已，藉著銅人與明月、水波等實體襯出一幅荒涼傷感的景像，表現出過去文明殘跡的象徵意義，再由用字用詞的悽惋沈痛，使人覺得一片荒寂淒然的境界不期然湧現眼前。李賀運用過人的想像力，利用個人直覺的感受，寓情於無情之物，反映時代興替，歷史的幻滅，而有過眼雲烟不盡的感慨與緬懷，難怪周誠眞先生以爲「大詩人却於反映時代之外，還能超越。…杜甫、李白、李賀都是如此㉓。」

六、魅異譎怪的鬼神世界

李賀詩向來被視爲「魅異譎怪」，原因可能有二。李賀有「筆補造化天無功」的文學主張，不願蹈襲前人。另一個原因可能是『死亡森寒的陰影經常籠罩在詩人心上，由於身體的衰弱，境遇的偃蹇，以及超於常人的沈哀銳感，長吉比當時大多數詩人更能體會「死亡」。把覓詩、鍊句、謀篇，當做生命中最認眞的事來處理㉔。』在佛羅依德（Freud）所主張的潛意識的本能中，除了性的本能，還有「死的本能」（Death Instinct）這一人類心靈底層最原始與最隱匿的部份，對某些人言同樣可以不自覺地流露出來。我們是否可以假設李賀的內心世界是被層層神秘象徵所籠罩？李賀所捕捉的只是一個鬼魅幢幢的世界！試看「感諷」其三：

南山何其悲，鬼雨灑空草。長安夜半秋，風剪春姿老。低迷黃昏徑，裊裊青櫟道。月午樹立影，一山惟白曉。漆炬迎新人，幽壙螢擾擾。

這是一首描寫鬼魂的詩，也是詩人對死亡的看法。由南山所見景物起興，既是「鬼」雨，又是「空」草，虛幻森冷的氣氛彌漫，長安夜半，多少人物凋謝，通往墳墓的小徑，夜色低迷，風呼呼地吹著青櫟林，直到荒山一片慘白，樹竟然無影，只看到鬼火熒熒在迎接新葬的伙伴，螢火摟摟一明一暗之間，如見群鬼相接問好：「你也來了」!?難怪姚佺要說：「讀賀此作，亦鬼詩，亦鬼境。」也可看出李賀對死亡並不抗拒，面對必然的事實而毫不畏懼！甚至如姚一葦先生所說：『在作者自覺的意識中，他名之曰「感諷」，當不難窺得作者由南山起興，而引發起對於生命之一種感觸，一種嘲弄。但是如果吾人透過「南山何其悲」的悽迷悱惻的外表，則死亡在此變得不僅是不可悲和不可怖，而且自作者的潛意識中流露出對它的一種隱秘的喜悅㉕。』潛意識流露出一種幻覺，時時想到鬼，再看他的「神絃曲」：

西山日沒東山昏，旋風吹馬馬踏雲。畫絃管素聲淺繁，花裙綷縩步秋塵。桂葉刷風桂墜子，青狸哭血寒狐死。古壁彩虯金帖尾，雨工騎入秋潭水。百年老鴞成木魅，笑聲碧火巢中起。

全詩借用實景以寫實手法，描繪虛幻世界，讓人驚心動魄。首兩句點明時間，黃昏日落陰暗之際，神祇像旋風趕著雲，自天而降，女巫忙著迎神，有迎神的音樂和歌舞的情景，烘托氣氛，突然桂葉刷風，青狸「哭血」，寒狐吓得噴血而死，彩虬被驅趕入潭，原來神祇忙著驅魔除妖，放火燒老鴞的巢穴，百年老鴞已成精，赫赫的笑聲竟像碧火一樣，自巢中昇起，久久不絕！李賀眞有烘染氣氛，講求藝術效果的天賦，所謂鬼才眞能創造鬼境，我們不得不佩服。水晶先生甚至喻為「巧奪天工的天籟」，認爲：「李賀在神絃這首七言律詩中，所欲透達的，也正是以詩人一枝萬化之筆，寫出大自然風狂雨驟時的種種天籟，以及風雨來臨之前，萬獸競走、豕突狼奔的一種倉惶景象，最後，暴風雨過去，寧靜中兼具慄怖的實況，如是而已㉖。」雖係描畫暴風雨實景，却託寓青狸、寒狐、彩虬、老鴞等怪物，烘托出怪異陰冷顫慄恐怖的圖畫，或許鬼神幻念時常縈迴心中！最後再看一首表現很類似的「神絃」：

女巫澆酒雲滿空，玉爐炭火香鼕鼕。海神山鬼來座中，紙錢窸窣鳴旋風。相思木帖金舞鸞，攢蛾一啑重一彈。呼星召鬼歆杯盤，山魅食時人森寒。終南日色低平灣，神兮長在有無間。神嗔神喜師更顏，送神萬騎還青山。

起首四句描寫女巫澆酒燒香邀神之狀，香煙繚繞，紙錢飛舞，氣氛極爲神秘詭異。次四句，言女巫竟然一嘘一彈呼妖召鬼配饗酒食，人看了，好像山魅食人爲之森然寒慄。末四句言神靈若隱若現，女巫變換表情來傳達神祇時嗔時喜的神態，直到把萬神衆鬼送回青山，那股膽戰心驚的寒意，仍然久久不去。周玉凫說這首詩「摹寫女巫見神說鬼，隱隱躍躍，皆有令人森寒之意，如觀吳道子地獄變像圖畫，眞稱双絕㉗。」黃師永武在「透視李賀詩中的鬼神世界」認爲李賀能寫得如是逼眞，與他長年沈醉在鬼神幻念中的心理背景有密切的關係。幻想與詩，往往是個人潛意識精神活動的外射產物㉘，與姚一葦先生主張合。證以象徵主義派詩人波德萊爾的主張：「詩人從感官的世界取得材料，爲他自己或他的夢，冶鑄一個象徵的視景；他要求於感官世界的是，給他手段以表達他的靈魂㉙。」難怪李賀常藉史事、神話的外在象徵以及鬼神的追尋幻化，而構築他那「魅異譎怪」的鬼神世界！

【附　　註】

①詞話叢編（廣文版），頁四二四三—四，人間詞話卷上。
②劉若愚先生，中國詩學，頁一四四。
③同註①，頁四二五六。
④同註②，頁一四五。
⑤柯慶明先生，境界的探求，頁一四一。
⑥李長之氏，道敎徒的詩人李白及其痛苦，頁五，長安出版社。

⑦徐佛觀譯，荻原朔太郎著「詩的原理」，頁一三一。
⑧周誠真先生，李賀論，頁九〇。
⑨同上註，頁一〇一。
⑩中華書局版，中國文學發達史，頁四八三。
⑪唐詩概論，頁一四九。
⑫中國學人第六期，頁一五二，新亞研究所出版。
⑬同註⑧，頁四七。
⑭同註⑧，頁五〇。
⑮反攻月刊第三六八期，頁一六。
⑯同註⑧，頁六九。
⑰姚克先生，李賀歌詩散論，詩學第二輯，頁一七九。
⑱同註⑫，頁一五一。
⑲同註⑧，頁一二三。
⑳同註⑧，頁一二五。
㉑劉滄浪先生，李賀與濟慈，頁一一四。
㉒見王琦彙解，引三輔黃圖所言。
㉓同註⑧，頁一三一。
㉔方瑜先生，李賀歌詩的意象與造境，刊中晚唐三家詩析論，頁三六。
㉕姚一葦先生，文學論集，頁六八。

㉖水晶先生，蘇打水集，頁七三，巧奪天工的天籟。

㉗引自陳弘治先生李長吉歌詩校釋，頁三二八。

㉘中國詩學思想篇，頁二一三。

㉙顏元叔先生譯「西洋文學批評史」，頁五四四，志文出版社。

四、結論——李賀在中國詩史上的地位

衡量一個詩人的歷史地位，端視其文學作品的好壞而定。作品好壞的價值判定，最好是先找出詩人的特殊成就，然後探討作品承前的淵源和啓後的影響，才能有正確的評估。文評家艾略特（T.S. Eliot）著有「傳統和個人的才能」一文談到，把作品放在「文學傳統」裡加以衡量、比較，才能發現其價值。他說：

> 傳統含有歷史的意識，那是任何一位二十五歲以後仍想繼續做詩人的人幾乎不可缺少的；這種歷史的意識包含一種認識，卽過去不僅僅具有過去性，同時也具有現在性。①

所說乃在證明一個作家除了具有傳統性，同時也敏銳地意識到自己在時代中的地位，故衡量作品必須探討作品承前的淵源和啓後的影響。準此，研究李賀詩在中國詩史上的地位，必須探討李賀詩的特殊成就，並考察李賀與過去詩人的傳承關係，以及對後代詩人的影響，以便肯定他的地位。

談到李賀詩的特殊成就，仍然要擺在文學傳統下加以衡量，文評家李偉斯（F.R.Leavis）認爲「文學的偉大傳統」（The Great Tradition）在於「社會關懷」（social concern）以及「藝術至上」（artistic concern），根據這兩點立論，讓我們來看李賀詩的特殊成就：

首先，先看「藝術至上」方面：李賀向來即被稱爲藝術至上主義者，他爲藝術而藝術的表現可由其文學主張—筆補造化天無功以及「嘔出心乃已爾」的苦吟看出，將生命奉獻給繆思，將雕虫小技視爲雕龍大業，難怪林庚氏認爲他豈不像一隻啼血的夜鶯，是唯美派的先聲②。由於詩是語言的探索，詩人的積極使命應在於他是否能成爲本國語言的守護者，艾略特曾說：「將語言傳之後世，使之較前代更成熟，更優美，更精確，這是詩人作爲詩人可能達到的最高成就③。」故由李賀詩的語言運用技巧，即可看出他的藝術成就，在「李賀塑造意象的特殊技巧」專節即說明李賀在語言的造形上，不但與其他詩人不同，甚至超出很多，在若干方面更隱然預期現代詩的詩風！例如「矛盾語法」被新批評家布魯克斯認爲是詩的最好結構，因爲唯有這種語言與情境，才能寫進宇宙生命的奧義，李賀的矛盾語名句很多，像「天若有情天亦老」就是衆所皆知的千古名句。又如「隱喻」，是詩人恃以精鍊語言，濃縮表現的法寶，被亞里士多德認爲是詩人天才的標記，李賀的隱喻技巧高人一籌，如「銀浦流雲學水聲」句，前無古人，爲人稱頌。再如詩評家泰特（Allen Tate）主張「張力」（tension）是好詩的結構，玆舉「南園」其一看看：

花枝草蔓眼中開，小白長紅越女腮。可憐日暮嫣香落，嫁與春風不用媒。

此首以像越女之腮那樣美艷的花，到日暮時分，風一吹就謝落了，却說「嫁與春風不用媒」，詩意由喜入悲，悲中見「喜」，以「落」爲「嫁」，造成很大的反諷（irony），形成張力，九世紀的李賀竟然已能預知二十世紀詩的技巧！故方瑜先生在「李賀歌詩的意象與造境」總結地說：「爲了追求歌詩藝術的完美，他刻意求工，由鍊字、鍛句、謀篇，到意象的搜求、氣氛的經營、境界的構築，長吉均全力以赴，從不掉以輕心④。」足可說明他沈醉在藝術中的那份眞誠，正如艾略特所說：「當一個藝術家以完全眞誠獻身於他的藝術，他同時也對他的國家與全世界做出了他能做的最偉大貢獻⑤。」

其次，再看李賀詩在「社會關懷」方面。由於李賀主張「藝術至上」，有唯美的傾向，以致有人誤認他不關心民生疾苦，劉大杰的「文學發達史」致誤最大。其實，李賀詩在社會關懷的層面上仍然很廣博。只是他的現實精神和社會意義，常被批評家所忽略，如「感諷」其一，明言吏治的昏庸，甚至以簡潔的筆觸鈎勒縣官催科的猙獰面目及其魚肉百姓的醜行，和杜甫、白居易作品不相上下。又如「老夫採玉歌」諷刺意味很重，對官府勞民之舉打抱不平。難怪連西人佛洛德森（J.D.Frodsham）也認爲「即使只是草草讀過他的詩，也可以看出他對時代的問題極爲關切，而且利用他的流播廣遠的樂府來譏刺當時的弊病⑥。」再證以以下各種例子看看：「綠章封事」有感於老百姓「短衣小冠作塵土」；「貴主征行樂」諷唐世主家驕橫；「夜飲長眠曲」、「秦宮詩」、「榮華樂」都是諷刺貴族權要的荒淫；「黃家洞」寫邊軍的濫殺無辜；「猛虎行」「古鄴城童子謠效王粲刺曹操」實寫藩鎮的跋扈；「感諷六首」其三寫太監的弄權；「平城下」寫軍中的不平和戍卒的憤慨；甚至有諷刺皇帝求長生的「拂舞歌辭」、「仙人」等作，我們能說李賀沒有直接反映社會現實的詩嗎？

綜合以上「藝術至上」和「社會關懷」兩種表現，李賀詩擺在唐代文學傳統裡，應該有他應佔的地位。

至於李賀詩的傳承，主要繼承了楚辭的傳統，另外受到漢魏樂府以及宮體詩的影響，王琦說他「其源實出自楚騷，步趨于漢魏古樂府。」可證明部分李賀詩雖賣弄詞藻，却從未脫離楚騷的傳統，而且宮體詩的傳統在他的詩裡得到新的發展。周誠眞先生還以爲「不止他的詩境是預期着後代詞人的詞境，而對他們的作品有深遠的影響；同時他的情詩，也對李商隱和杜牧有一定的示範作用⑦。」難怪蘇雪林老師封他爲「唯美文學啓示者」⑧。李賀詩的影響，應可分爲四方面來談。

首先談到李賀詩對晚唐詩人的影響。孟瑤「中國文學史」認爲「晚唐詩人像李商隱、溫、杜都受到李賀强烈影響⑨。」晚唐唯美詩風實由李賀所啓發，李商隱、溫庭筠、李群玉、韓偓以及杜牧等唯美派詩人都心儀他而向他取法，尤以李商隱所受影響最大，繆鉞在「詩詞散論」談到：

> 李賀詩出於楚騷，想像豐富，喜用象徵，造境瑰奇，摛采豔發。義山才情蓋與李賀相近，故慕其為人，曾為賀作小傳，義山集中亦多倣李賀體之作，如長長漢殿眉一詩明題「效長吉」者，固無論矣，此外效李賀者尚多，如宮中曲……可見其受李賀影響之大。⑩

李商隱取李賀作古詩之法移於作律詩，成就了他別具一格的律體，不能不歸功於李賀。至於杜牧則心儀李賀絕代才華，所著「李長吉歌詩叙」對李賀可謂推崇備至，深受影響可知。

其次，從宋朝到清朝有很多詩人詞人受到李賀詩的影響，近人朱君億先生「李長吉歌詩源流舉隅」有很深入的分析，可參看⑪。長吉對宋詩影響雖不大，可是兩宋大詞人如美成、梅溪、白石、夢窗、碧山、須溪等仍都受他沾馥，自不待言，近人張惠康先生「詞與李賀詩」甚至言及「溫韋得其沈著；歐晏得其深厚；秦姜得其豐神；蘇辛得其力；吳張得其秀鍊⑫」可概其餘。至金元明三朝，長吉體蔚爲風氣，郭紹虞氏曾指出金詩人如李之純、李天英、劉祁、雷希顏、麻知幾、孫伯成、趙衍等⑬，都傾向李賀。元末詩人也競師長吉⑭，明代有徐文長、鍾惺、譚元春等，到了清代，最著名的是紅樓夢作者曹雪芹，即「詩追李昌谷」及「牛鬼遺文悲李賀」的一位⑮，其他還有馬位、孫星衍等。

第三，談到李賀詩影響到改朝換代的遺民，以及各時代的反抗者、憂國志士、悲憤文人。如宋劉辰翁、謝翱，元楊維楨，明遺民張岱、錢澄之、黃淳耀以及清譚嗣同等。依日人荒井健之言，認爲李賀傾注心血的作品中隱含有吸引各時代的反叛者與愛國志士的生命力⑯。

最後，李賀詩甚至遙遙影響到現代詩人，如余光中先生寫了一篇「象牙塔到白玉樓」，杜國清先生以李賀爲博士論文題目，洛夫、德亮也寫詩向李賀致意⑰等，依杜國清先生的意見，以爲現代詩人會被李賀那種瑰詭奇崛、設色穠豔、冥心孤詣的嘔心詩句所吸引和感動，其主要因素乃是李賀詩中浪漫主義的悲切激情與世紀末的病態感性都極爲强烈所致⑱。

綜合以上所言，李賀詩不但源遠流長，受其影響代有名家，甚至預期了現代詩的某些特性，如喻詞意象技巧的使用，已引起西人研究的興趣，朱君億先生以爲李賀在中國文學史上更該有其比過去爲大的應佔的地位⑲。華仲麐先生在「中國文學史略」言『就詩的藝術造就來說，他在「奇詭」作風的地位，實可與李杜王白分庭抗禮，…後人稱爲「鬼才」，庶幾乎與「謫仙」遙遙相望⑳。』同意這種說法的有杜國清先生，他說：

事實上歷經宋元明清一千二百多年以來，代代都有模倣李賀的人；清代彙解李賀詩的王琦同時也是箋註李白的大家。向來「太白仙才，長吉鬼才」的評語，一再出現於許多詩話中，更可見在中國讀書人心中，李賀常處於和李白相提並論的地位。㉑

將李賀和李白相提並論，一稱仙才，一稱鬼才，用意是在說明這兩位詩人風格的特殊與不同，未必以此定優劣。像李白杜甫，一稱詩仙，一稱詩聖，李白風格近於「豪宕飄逸」，杜甫是「沈鬱頓挫」，向來難分軒輊，然而自唐以來卽有李杜優劣之論（元稹杜甫墓誌銘、白居易與元九書），宋嚴羽「滄浪詩話」則採折衷之說，以爲「李杜二公，正不當優劣，太白有一二妙處，子美不能道；子美有一二妙處，太白不能作」，又云：「子美不能爲太白之飄逸，太白不能爲子美之沈鬱。」至明人郎文煥又取李賀和李白杜甫並論，試看他的「李賀詩解」云：

詩有風有雅有頌，婉而諷，逸宕而有致，風之遺，李白得之；博大渾雄，莊麗典則，頌之遺，杜甫得之；曲而盡，嶮而多變，雅之遺，賀得之；之三子者源匯而派分者也，世有李杜不可無賀。

也無非說明三人各具風格，不可强為軒輊。正如古來看相，淸奇古怪，各如其面，不可以常情論。李賀人稱鬼才，詩作風格「詭譎險怪」，有陰森神秘氣氛，常人以為怪異難解，也許正是他的本色。由於詩人生世環境不同，性情資質各異，詩作風格自然各備一體，別具一格了。另外以文學流派來考察，由於每人對文學價值的認識不同而各有見解，如强分高下，則難免淄澠並泛，妍蚩不分。故劉大杰「中國文學發達史」言「必得要分析各派的立場，理解各派的特色，才可得到比較公平的結論。…陶潛李白杜甫白居易李賀都可以得到各人應得的地位，也無須勉强去品評他們的優劣了㉓。」正如梁啓超氏在「中國韻文裏頭所表現的情感」一文談到李賀，批評他說：「不知者以為是賣弄詞藻，其實每一句都有他特別的意境，大抵長吉腦裏頭的想像很多…我們不能不承認他在文學史上的地位㉔。」

李賀在詩歌藝術上的成就很大，雖然死得太早，誠如傅庚生氏所言，李賀為年歲所限，工巧而慧心未入於拙，無法工拙相半，達到詩的極境㉕。但他想像的豐富，構思的精巧，表現的新穎，風格的特殊，以及嚴肅認眞的創作態度和那種反對庸俗，追求完美的藝術表現精神，都可以使他站在中國詩史的高峯上，唱出純屬於他自己特有的嘹亮的聲音！

【附　註】

①杜國清譯艾略特文學評論選集，頁四。

②林庚氏，中國文學史，頁二一二。

③轉引自「韓愈與艾略特」，中外文學八卷三期，頁一四六。

④中晚唐三家詩析論，牧童出版社，頁五四。

⑤同註③。

⑥引自周誠眞先生「佛洛德森的英譯李長吉歌詩」，幼獅文藝219期。

⑦同上註，頁一八。

⑧唐詩概論，頁一四五。

⑨中國文學史，大中國圖書公司，頁二八二。

⑩詩詞散論，頁六四。

⑪東方雜誌五卷十一、十二期。

⑫中華詩學八卷六期，頁二九。

⑬中國文學批評史下卷第二編，頁九二—四。

⑭胡應麟，詩藪。

⑮見滿人敦誠四照堂詩，轉引自註⑪。

⑯引自杜國清先生，李賀研究的國際概況，頁一四〇。

⑰洛夫有「與李賀共飲」（聯合副刊68、11、1）、德亮著有「中元遙寄詩鬼李賀」（聯合副刊68、9、5）

⑱同註⑯。

⑲同註⑪，頁六一。

⑳中國文學史略，開明書店，頁二三九。

㉑同註⑯，頁一四一。

㉒李賀論，頁一四。

㉓劉大杰氏「中國文學發達史」（中華版），頁四八五。

㉔中華書局版，頁六五。

㉕傅庚生氏，中國文學欣賞舉隅，頁一八三。

後記

以李賀詩作爲論文題目，對個人能力言，無異是一種挑戰，經過兩年的苦鬥，總算完成了這本小書。從資料的搜集到整理，以至完稿，都不敢掉以輕心，但個人能力有限，尤以識見不足，常感力不從心，所幸已有前人披荊斬棘在前面耕耘開拓，循著前人已有的成績前進，一面吸收學習，一面循線佈網，倒讓我個人在學習的過程中，體會到學術的眞誠，也深深感到師友啓發誘導的苦心。學問是種累積，前人種樹後人乘凉，在前輩名家的餘蔭裡，抽芽的幼苗會在關愛和呵護之下，漸漸茁長壯大。

研究李賀，代有其人，「鬼才」之說，衆口一辭，已成定論。直至近三四十年來，由於歐美漢學家發現到李賀風格和西方某幾位大詩人相似，乃逐漸引起學人研究的興趣，更由於西人大量翻譯他的作品，喚起學者以新批評方法來探討李賀詩，「李賀學」因而蔚然成風，個人附驥從風，無非想考驗自己，在正規的學院訓練薰陶下，也能找到一個方向，「李賀詩研究」雖是一塊試金石，却是投注心血之作，希望在訓練吸收的過程中，能够百尺竿頭更進一步。

兩年來，暗中摸索雖然能够找到答案，但畢竟非常辛苦，中途常廢書而嘆，無法爲繼，幸好有良師益友從旁提攜指導，始克厥成，這是個人深所銘感而永誌不忘的。首先，要感謝黃永武、余光中、羅聯添三位老師。曾聆聽黃老師一年的詩選課，並研讀他的鉅作「中國詩學」，個人從中得到很多啓發，才有研究李賀的勇氣。個人早年是余迷，對余老師心儀已久，去年趁他返國蒞臨成大演講之便，承蒙代爲訂正體例並賜教言，受益很多。任教台大的羅老師是位治學嚴謹的學者，承劉翔飛嫂代叩研究室的門扉，得以親受教益，因而順利解決考據難題，三位老師愛護提携之情不敢或忘。當然還要感謝劉翔飛嫂和榮村兄的從旁協助。至於系內老師更是愛護有加，時常指示體例詢及進度，得益匪淺。寫作進行當中，興昌、紅波、增貴三兄以及昌明、榮富兩位學棣，或提供資料，或指正錯誤，或從旁打氣，惠我良多，在此並致謝忱。地處南台資料搜集不易，再加學力不足，疏漏錯誤之處，在所難免，希望得到讀者的指教。謹以此書獻給親愛的双親和內人，由於他們的體諒和關愛，扶持我在漫長的研究路途上，走得更努力、更踏實。

楊文雄

民國六十九年二月於台南古都

【附錄一】 李賀研究論著知見目錄初編

（本編係依羅聯添先生「唐代文學論著集目」李賀條，增加版本箋註及清人以後部分論著，以供參考。由於資料不全，謹以手頭所輯增補，錯誤必多，希望博雅君子不吝賜正，並在此向羅聯添先生致謝。）

一、中文類

1. 版本及箋註

①李長吉詩集　李賀撰　中研院藏續古逸叢書本
②李賀歌詩　李賀撰　中研院藏誦芬室影宋宣城本
③李賀歌詩編　李賀撰　中央圖書館藏密韻樓覆北宋本
④李長吉文集　李賀撰　學生書局影宋本
⑤李賀歌詩編　李賀撰　商務四部叢刊影鐵琴銅劍樓藏金刊本
⑥唐李長吉歌詩　李賀撰　吳正子註　中央圖書館藏元刊本
⑦錦囊集　李賀撰　中央書館藏影鈔元復古堂刊本
⑧李長吉詩集　李賀撰　中央圖書館藏影寫明弘治本
⑨李長吉歌詩　李賀撰　吳正子註　中央圖書館藏明末葉刊本

⑩李長吉歌詩　李賀撰　劉辰翁評　中央圖書館藏明吳興凌濛初刊印本
⑪李長吉歌詩　李賀撰　徐渭等注　中央圖書館藏明萬曆癸丑刻本
⑫李賀詩解　李賀撰　曾益註　世界書局
⑬昌谷集句解定本　李賀撰　姚佺箋　清初寶翰樓刻本
⑭昌谷集註　李賀撰　姚文燮註　世界書局
⑮李長吉歌詩彙解　李賀撰　王琦註　世界書局（另有中華書局四部備要本）
⑯方批李長吉詩集　李賀撰　方世擧評　世界書局
⑰協律鈎元　李賀撰　陳本禮註　香港中文大學
⑱李長吉集　李賀撰　黎二樵評　南雅印刷局
⑲李長吉詩評注　李賀撰　吳汝綸評　新文豐出版公司
⑳李長吉歌詩校釋　李賀撰　陳弘治註　嘉新基金會印

2. 引得索引

①李賀詩引得　艾文博　臺北　中文研究資料中心，研究資料叢書　一九六九

3. 傳記

①昌谷別傳並注　田北湖　國粹學報4卷6期　民國前3
②詩人李長吉　萬曼　文學周報5　民國17
③驢背詩人李長吉　王禮錫　文學周報7卷23期　民國18

④李長吉評傳　王禮錫　上海　神州國光社　一八〇頁　民國19

⑤詩人李賀　周閬風　上海　商務印書館　一二三頁　民國19（附李賀年譜）

⑥爲「長吉生的考證」質王禮錫君　李嘉言　文學月刊三卷一期　民國21・5

⑦李賀之死　洪爲法編　青年界5卷1期　北新書店編印　民國22（又華夏出版社「談文人」）

⑧沒落的貴族詩人李長吉　致干　文學雜誌（北平）1　民國22・4

⑨李長吉年譜　閻崇璩北平　清華大學二十二年度畢業論文

⑩李賀年譜　朱自清編　清華學報10卷4期　民國24（又河洛出版社「朱自清集」）

⑪李賀年譜補記　朱自清編　清華學報11卷1期　民國25（又河洛出版社「朱自清集」）

⑫唐李賀的生卒年問題　梁子涵　中央日報第六版　民國46・10・1

⑬從中國文學發達史中的李賀談起　葉慶炳　新潮13　民國55・12

⑭李賀研究　友梅　臺北　書目季刊2卷3期　民國57・3

⑮李長吉年譜　唐錫椽　臺北　幼獅學誌7卷2期　民國57・4（全抄朱自清氏李賀年譜）

⑯兩唐書李賀傳考辨　葉慶炳　私立淡江文理學院　淡江學報7　民國57・11

⑰李長吉研究　馬楊萬運　臺北　國立臺灣大學中國文學研究所碩士論文　民國58・6

⑱李賀研究　費海璣　見文學研究續集　臺北　商務　民國60・1

⑲李賀的生平及其詩　鄭騫　國語日報　古今文選　民國59　又見鄭著「景午叢編」上編　臺北　中華書局　民國61

⑳李賀—悲劇型的人物　費海璣　臺北　反攻三六八　民國61・11
㉑韓門詩家論評（李賀、盧仝等）　吳車　臺北　私立輔仁大學62年中研所碩士論文
㉒詩鬼李賀　菊韻　臺北　今日中國34　民國63・2
㉓唐代青年奇才詩人李賀　劉中龢　香港　文藝72　民國64・6（又見「唐代文學全集」）

4. 作品

①書昌谷集後　性德　通志堂集
②箋註李昌谷詩集序　朱軾　朱文端公文集補編
③跋李賀歌詩編　何焯　義門先生集
④李長吉詩跋　張澍　養素堂文集
⑤史雪汀注李長吉詩序　全祖望　鮚埼亭集外編
⑥蒙古刋李賀歌詩編跋　王國維　觀堂別集三
⑦跋李長吉詩評注　吳闓生　四存月刋12　民國11・9
⑧李長吉的詩　蘇師雪林　上海文哲季刋1卷1期　民國16・10
⑨李長吉詩　江寄萍　大戈壁1卷2期　民國21・2
⑩李長吉歌詩　賀揚靈　上海　民國22　又台灣華世出版社　民國64・10
⑪昌谷詩校釋　李嘉言　語言與文學　上海中華書局　民國26・6
⑫李賀略評　玄默次郎　南風15期　現藏中央圖書館台灣分館

⑬李賀詩論　錢鍾書　談藝錄（明倫出版社）又見羅聯添先生「中國文學史論文選集㈢」（學生書局）

⑭李賀古詩初探　李嘉言　上海　民國46

⑮李賀詩集　葉葱奇　北京　民國47

⑯試論李賀及其詩歌　譚正璧　紀馥華　人文雜誌1（55～60）　民國49・2

⑰李賀感諷詩第三首及其英譯　鄭騫　現代文學33　民國56・12

⑱讀余著「中西文學之比較」（有關李賀詩）　周誠眞　純文學5卷2期　民國58・2

⑲談李賀詩　周誠眞　台北純文學5卷6期　民國58・6

⑳說李賀馬詩二十三首　葉慶炳　書和人113、114期　台北國語日報社　民國58・6

㉑姚文燮昌谷詩註糾謬　葉慶炳　淡江學報8　民國58・11

㉒跋所謂金刊本李賀歌詩編　鄭騫　臺北書目季刊4卷4期　民國59　又見鄭著「景午叢編」上編　臺北　中華書局　民國61

㉓讀李賀感諷五首　柯慶明　萌芽的觸鬚　雲天出版社　民國59・12

㉔李賀詩之韻例及用韻考　宋淑萍　五十九年度國科會研究論文

㉕論李賀的詩　陳貽焮　見唐詩研究論文集　香港　中國語文學社　1970・8

㉖李賀論　周誠眞　香港　文藝書屋　民國60

㉗佛洛德森的英譯「李長吉歌詩」　周誠眞　臺北　幼獅文藝219期　民國61・3

㉘象牙塔到白玉樓　余光中　消遙遊　臺北文星書店　民國61
㉙李長吉歌詩源流擧隅（上下）　朱君億　臺北　東方雜誌5卷11、12期　民國61・5、6
㉚李賀詩中的超現實意象　Golightly William C. 著　王津平譯　臺北　幼獅文藝37卷5期　民國62・5
㉛詞與李賀　張惠康　臺北　中華詩學8卷5期　民國62・5
㉜李賀歌詩的意象與造境　方瑜　臺北　幼獅月刊38卷3期　民國62・9
㉝李賀歌詩評釋　杜國清　笠詩双月刊59～62期　民國63・2～8
㉞李賀詩析論　方瑜　見「中晚唐三家詩析論」　臺北　牧童出版社　民國64・1
㉟李賀詩的象徵結構試探　蔡英俊　臺北　中外文學4卷7期　民國64・12
㊱評介唐李賀協律鈎元　莊申　香港　東方文化14卷1期　1976
㊲國際漢學與李賀研究　莊申　臺北　書目季刊9卷4期　民國65・3
㊳李賀詩與比較新的批評方法　周誠眞　臺北　幼獅月刊44卷1期　民國65・7
㊴談怎樣重估李賀詩　周誠眞　臺北　幼獅月刊44卷3期　民國65・9
㊵李賀與濟慈　劉滄浪　臺中　私立東海大學中文研究所碩士論文　民國64・6
㊶李賀與濟慈　劉滄浪　臺北　幼獅月刊43卷6期　民國65・6
㊷「李賀協律鈎元」讀後　龔鵬程　愛書人旬刊〇九二號
㊸李賀歌詩散論　姚克　詩學第二輯　臺北巨人出版社　民國65・10

(44)與姚克先生論李賀詩　周誠眞　明報第十二卷

(45)錢鍾書的「論李長吉詩」　周誠眞　詩學第二輯　臺北巨人出版社　民國65•10

(46)李賀與濟慈詩中的亞奈科雷昂色彩　劉滄浪　詩學第二輯　臺北巨人出版社　民國65•10

(47)李賀詩裏的時間意識　李正治　中華文化復興月刊10卷4期　民國66•4

(48)楞伽、楚辭與李賀的悲劇　楊鍾基　中國學人第六期　新亞研究所　民國66•9

(49)李賀研究的國際概況　杜國清　臺北　現代文學復刊號2期　66•12

(50)古錦囊與白玉樓　蔡英俊　臺北　偉文圖書公司　67•9

(51)李賀心態分析　黃敬欽　中華文化復興月刊11卷9期　民國67•9

(52)讀黃敬欽先生的「李賀心態分析」　周誠眞　中華文化復興月刊12卷4期　民國68•4

(53)透視李賀詩中的鬼神世界　黃師永武　書評書目70期　民國68•2

(54)李賀詩析論　李一恆　臺大六十八年度中研所碩士論文

(55)「巧奪天工的天籟」李賀「神絃曲」另一解　水晶　蘇打水集　臺北大地出版社　民國68•5

(56)如「啼眼」之「題眼」李賀「蘇小小墓」詩另一解　水晶　蘇打水集　臺北大地出版社　民國68•5

二、日文類

(1)李長吉の生涯　稻田尹　臺北　臺大文學5卷2期　1941

②李長吉を論ず　橋本循　支那學10巻特別號　1942～43
③白玉樓の人—李長吉をめぐつて—原田憲雄　方向1　1953.3
④李長吉の色彩感覺　「紅」と「綠」とに表象されるもの—石川一成　中國文化研究會會報
4巻2期（18～22）1955.2
⑤李賀の詩—特にその色彩について—荒井健　中國文學報3（61～90）1955.10
⑥李賀の鬼詩とその形成　和田利男　羣馬大學紀要人文科學編5（89～102）1956.8
⑦李賀と孟郊—孤高の意識をめぐつて—上尾龍介　九州　中國學會報3（60～77）1957
⑧夜の詩人—李賀の光の感覺について—上尾龍介　中國文藝座談會ノート10（13～18）1957.6
⑨頌歌—李長吉をめぐつて—原田憲雄　方向9（1～2）1960.8
⑩李賀雜考　奥野信太郎　福井博士頌壽紀念東洋思想論集（814～823）1960.11
⑪李賀小論—比興の手法を中心として—横山伊勢雄　中國文學研究2（53～77）1961.12
⑫金銅仙人辭漢歌—李賀小記—原田憲雄　（京都女子大學）人文論叢8　1963.9
⑬十二月樂辭—李賀小記—原田憲雄　方向10　1964.10
⑭李賀雜論—李賀の意識世界—瀬戸保男　集刊東洋學16（中國文學特集號）1966.10
⑮楞伽—李賀小記—原田憲雄　人文論叢14　1966.12
⑯莫程樹—李賀小記—原田憲雄　京都方向社　方向13　1967.3
⑰李賀の作品の特異性について—⑴幽明⑵凄冷艷美—齋藤晌　東京俳句研究社　俳句研究

34卷3期　1967.5

⑱馮小憐—李賀小記—原田憲雄　京都女子大學人文論叢15　1967.12

⑲全唐詩にあらわれたゐ「死」字と李賀詩　上尾龍介　東方學35　東京東方學會　1968.1

⑳李賀の「馬の詩」と杜詩　荒井健　吉川博士退休紀念　中國文學論集　東京筑摩書房　1968.3

㉑負薪—李賀小記—原田憲雄　京都女子大學人文論叢16　1968.12

㉒惱公—李賀小記—原田憲雄　京都女子大學人文論叢18　1970.6

㉓李賀研究1〜4　原田憲雄　京都方向社　1971.1

㉔李賀『秦王飲酒』をめぐつて—李長吉體と杜詩—森瀨壽三　入矢教授、小川教授退休記念中國文學語學論集（P.433〜446）　1974.10

㉕垂翅の客婦人の哭聲（李長吉傳第二部，公無渡河二八）　草森紳一　現代詩手帖17卷1期　1974

㉖李賀と新題の樂府—特に古樂府との關連において—高木重俊　函館大學論究8　1974

㉗李賀小考—夢からのアプローチ—芦立一郎　東北大學　集刊東洋學34　1975

㉘李賀について　芦立一郎　東北大學　集刊東洋學32　1975

㉙李賀における道教的側面　森瀨壽三　東京　日本中國學會報28　1976

㉚李長吉傳・垂翅の客—婦人の哭聲(十三)(十四)(十五)(十六)(十七)(十八)(十九)　草森紳一　現代詩手帖19：1、1

、4、4、9、10、11、12　　1976

三、西文類

①Das "Gedicht Von Chang-Kuh" des Li Ho. Debon, Günther. Studia Sino-Altaica, testschrift für Erich Haenisch, 1961

②Li Ho and Keats: a Comparative Study of two Poets. Chen, David ynig. (Type Written ms. Bloomington, Ind.) 1962, 19lp. Thesis (PH. D.) -Indiana University

③Eine Umgangsspraehliche Erzählung und ihre Schriftsprachliche Vorlage (on the work of Li Ch'ang-ch'i). Franke, Herbert. In: Eduard Erkes in memorian P. 64-70. Leipzig, 1962

④Li Ho, a Poetic Genius. Chen Yi-hsin, Peking, Chinese Literature 12, 1963

⑤Li Ho and Keats: Poverty, Illness, Frustration and A Poetic Career. Chen, David ying, Tsing Hua Journal of Chinese Studies. New Series V No. 1 July 1965 pp. 67～85

⑥Li Ho, a Scholar-official of the Yuanho period (806～821). South, Margaret

Tudor. Adelaide: Libraries Board of South Austratia, 1967, XV, 495 pp.

⑦The Rhyming Categories of Li Ho (791～817.) E.G.Pulleyblank, Tsing Hua Journal of Chinese Studies, New Series Ⅶ No.1 (Aug. 1968) pp.1～25.

⑧Li Ho and his Poetry. Hsiao Chi-tzung: in "A Concordance to the Poems of Li Ho (790～816,) Compiled by Robert L. Irick, Chinese material and Research Aid Service Center Research Aids, Taipei, Taiwan, Republic of China, 1969

⑨Diction in the works of Li Ho. Maureen A. Robertson, 1970

⑩The Poems of Li Ho (791～817.) J.D. Frodsham, Oxford, Clarendon Press, 1970

⑪Mythological Themes in the Poetry of Li Ho. Michael B. Fish, 1973.

⑫The Poetry of Li Ho: A Critical Study. Tu Kou-ch'ing, 1974.

【附錄二】參考引用書目

一

李賀歌詩編　李賀撰　中央圖書館藏密韻樓覆北宋本

李長吉文集　李賀撰　學生書局影宋本

李賀歌詩編　李賀撰　商務四部叢刊影鐵琴銅劍樓藏金刋本

李長吉歌詩　李賀撰　吳正子註　商務四庫全書珍本

李賀詩解　李賀撰　曾益註　世界書局

昌谷詩集註　李賀撰　姚文燮註　世界書局

李長吉歌詩彙解　李賀撰　王琦註　世界書局（另有四部備要本）

方批李長吉詩集　李賀撰　方世舉評　世界書局

協律鉤元　李賀撰　陳本禮註　香港中文大學

李長吉詩評註　李賀撰　吳汝綸評　新文豐出版公司

李長吉歌詩校釋　李賀撰　陳弘治註　嘉新基金會印

李賀詩引得　艾文博　臺北中文研究資料中心

李賀年譜　朱自清編　清華學報10卷4期（東方文化書局）

李賀年譜補記　朱自清編　清華學報11卷1期（東方文化書局）

二

舊唐書	劉昫等	鼎文書局
新唐書	歐陽修等	鼎文書局
中國通史	傅樂成	大中國圖書公司
唐代政制史	楊樹藩	正中書局
中國文學發達史	劉大杰	中華書局
中國文學史	葉慶炳	廣文書局
中國文學批評史	郭紹虞	明倫出版社
唐代文學全集	劉中和	世界文物出版社
唐詩概論	蘇師雪林	商務印書館
元和姓纂	林　寶	商務四庫全書珍本別輯
元和郡縣圖志	李吉甫	商務國學基本叢書本
登科記考	徐　松	驚聲文物供應公司
唐僕尚丞郎表	嚴耕望	中研院史語所
唐人行第錄	岑仲勉	九思出版社

三

詩經		藝文印書館影印本
楚辭補注	洪興祖	藝文印書館影印本
文心雕龍註	劉　勰	明倫出版社
唐詩品彙	高　棅	商務四庫全書珍本六集
杜詩鏡銓	楊倫輯	正大印書館
杜詩詳註	仇兆鰲注	文史哲出版社
韓昌黎集	韓　愈	河洛圖書出版社
韓愈志	錢基博	河洛圖書出版社
白香山詩集	白居易	世界書局
沈下賢文集	沈亞之	商務四部叢刊本
樊川文集	杜牧之	九思出版社
樊南文集詳註	馮浩註	中華四部備要本
玉谿生詩箋注	馮浩註	中華四部備要本
全唐詩		明倫出版社
全唐文		匯文書局
文苑英華	李昉等	華文書局
唐詩癸籤	胡震亨	世界書局

百種詩話類編　臺靜農編　藝文印書館
甌北詩話　趙翼　廣文書局
足本隨園詩話及補遺　袁枚　長安出版社
苕溪漁隱叢話　胡仔　長安出版社
詩人玉屑　魏慶之　九思出版社
人間詞話　王國維　廣文詞話叢編本
詩論分類纂要　朱任生　商務印書館

四

文學概論　王夢鷗　帕米爾書店
中國文學論集　徐復觀　學生書局
中國韻文裏頭所表現的情感　梁啓超　中華書局
唐詩散論　葉慶炳　洪範書店
陳世驤文存　陳世驤　志文出版社
迦陵談詩　葉嘉瑩　三民書局
中國詩學設計篇　黃師永武　巨流圖書公司
中國詩學鑑賞篇　黃師永武　巨流圖書公司

中國詩學考據篇　黃師永武　巨流圖書公司
中國詩學思想篇　黃師永武　巨流圖書公司
詩心　黃師永武　三民書局
中國詩學縱橫論　黃維樑　洪範書店
李義山詩析論　張淑香　藝文印書館
李商隱評論　顧翊群　中華詩苑
中國詩學　劉若愚　幼獅文化公司
中國詩律研究　王　力　文津出版社
中國文學欣賞舉隅　傅庚生　地平線出版社
談文人　洪爲法　華夏出版社
從詩到曲　鄭　騫　科學出版社
語文通論　郭紹虞　華聯出版社
期待批評時代的來臨　沈　謙　時報出版公司
隋唐五代文學批評資料彙編　羅聯添　成文出版社
韓愈研究　羅聯添　學生書局
韓愈　羅聯添　河洛出版社
李長吉研究　馬楊萬運　臺大五十八年中研所碩士論文

韓門詩家論評(李賀盧仝等)　吳　車　輔大六十二年中研所碩士論文
李長吉歌詩　賀揚靈　華世出版社
李賀論　周誠眞　香港文藝書屋、
李賀與濟慈　劉滄浪　東大六十四年中研所碩士論文
古錦囊與白玉樓　蔡英俊　偉文圖書公司
李賀詩析論　李一恆　臺大六十八年中研所碩士論文

五

文學論　王夢鷗譯　志文出版社
西洋文學批評史　顏元叔譯　志文出版社
詩學　杜國清譯　田園出版社
現代詩的探求　陳千武譯　田園出版社
文藝心理學　朱光潛　開明書店
詩論　朱光潛　正中書局
藝術的奧妙　姚一葦　開明書店
美的範疇論　姚一葦　開明書店
文學論集　姚一葦　書評書目社

文學的玄思 顏元叔 驚聲文物供應公司
文學經驗 顏元叔 志文出版社
秩序的生長 葉維廉 志文出版社
批評的視覺 李英豪 文星書店
困學集 傅孝先 時報出版公司
現代詩論衡 張漢良 幼獅文化公司
掌上雨 余光中 文星書店
艾略特文學評論選集 杜國清譯 田園出版社

六

昌谷別傳並注 田北湖 國粹學報四卷六期
李賀之死 洪爲法 華夏出版社「談文人」
從中國文學發達史中的李賀談起 葉慶炳、 台大新潮13期
李賀研究 友 梅 書目季刊二卷三期
兩唐書李賀傳考辨 葉慶炳 淡江學報7期
李賀的生平及其詩 鄭 騫 古今文選新二一一期
李賀—悲劇型的人物 費海璣 反攻三六八期

詩鬼李賀	菊　韻	今日中國34期
唐代青年奇才詩人李賀	劉中龢	唐代文學全集
李長吉的詩	蘇師雪林	文哲季刊一卷一期
昌谷詩校釋	李嘉言	上海中華書局語言與文學
李賀略評	玄默次郎	南風15期
李賀詩論	錢鍾書	談藝錄（明倫）
說李賀馬詩二十三首	葉慶炳	書和人113、114期
姚文燮昌谷詩註糾謬	葉慶炳	淡江學報8期
讀李賀感諷五首	柯慶明	萌芽的觸鬚（雲天）
論李賀的詩	陳貽焮	香港中國語文學社
佛洛德森的英譯「李長吉歌詩」	周誠眞	幼獅文藝219期
從象牙塔到白玉樓	余光中	消遙遊（文星）
李長吉歌詩源流舉隅	朱君億	東方雜誌五卷十一、十二期
李賀詩中的超現實意象	王津平譯	幼獅文藝37卷5期
詞與李賀詩	張惠康	中華詩學8卷5期
李賀歌詩的意象與造境	方　瑜	中晚唐三家詩析論（牧童）
李賀詩的象徵結構試探	蔡英俊	中外文學4卷7期

國際漢學與李賀研究　莊　申　書目季刊九卷四期
李賀詩與比較新的批評方法　周誠眞　幼獅月刊44卷1期
談怎樣重估李賀詩　周誠眞　幼獅月刊44卷3期
李賀歌詩散論　姚　克　詩學第二輯（巨人）
與姚克先生論李賀詩　周誠眞　明報月刊
錢鍾書的「論李長吉詩」　周誠眞　詩學第二輯（巨人）
李賀詩裏的時間意識　李正治　中華文化復興月刊10卷4期
楞伽、楚辭與李賀的悲劇　楊鍾基　中國學人第六期
李賀研究的國際概況　杜國清　現代文學復刊號二期
李賀心態分析　黃敬欽　中華文化復興月刊11卷9期
讀黃敬欽先生的「李賀心態分析」　周誠眞　中華文化復興月刊12卷4期
透視李賀詩中的鬼神世界　黃師永武　書評書目70期
巧奪天工的天籟　水　晶　蘇打水集（大地）
如「啼眼」之「題眼」　水　晶　蘇打水集（大地）
李長吉的生涯　稻田尹　臺大文學5卷2期
論唐詩的語法用字與意象　黃宣範譯　語言學研究論叢（黎明）
唐詩的語意研究　黃宣範譯　翻譯與語意之間（聯經）

詩與音樂　劉燕當　幼獅文藝一八六期
研究中國古典文學的幾個層面　黃慶萱　古典文學第一集（學生）
中唐詩人派別　謝佐禹　文哲季刊第一期
有關漢詩面貌與結構的幾點觀察　Debon Gunther　中外文學4卷4期
論「漢字作爲詩的表現媒介」　杜國清　中外文學8卷9期